NI JAMAIS
NI TOUJOURS.

TOME I.

PARIS. — IMPRIMERIE D'ÉVERAT,
rue du Cadran, n° 16.

NI JAMAIS
NI TOUJOURS

PAR

CH. PAUL DE KOCK.

C'est la devise des amours.

TOME PREMIER.

PARIS.
GUSTAVE BARBA, LIBRAIRE,
ÉDITEUR DES OEUVRES DE PIGAULT-LEBRUN ET DE PAUL DE KOCK.
RUE MAZARINE, N° 34.
1835.

NI JAMAIS

NI TOUJOURS

PAR

CH. PAUL DE KOCK

TOME PREMIER

PARIS
GUSTAVE BARBA, LIBRAIRE,

1845.

NI JAMAIS,
NI TOUJOURS.

CHAPITRE PREMIER.

UNE VISITE GALANTE.

Il est huit heures, c'est bien ce soir qu'elle doit venir, elle ne tardera pas : Clémence n'a pas l'habitude de se faire attendre, et d'ailleurs nous nous voyons si rarement! les occasions deviennent si difficiles qu'il ne faut pas les laisser échapper. On dit que les obstacles alimentent l'amour; alors le nôtre devrait durer éternellement, car nous avons toujours mille peines pour nous rapprocher.

Voilà deux ans que je la connais... Deux ans... cela date déjà; et on lui avait dit que je ne l'aimerais pas trois mois!... On est si méchant!... il est vrai que nous sommes quelquefois trois semaines sans pouvoir nous parler. Nous entretenons, mais nous n'usons pas notre amour.

Quand nous ne nous voyons pas, elle pense sans cesse à moi... à ce qu'elle me dit... et je le crois. Les femmes aiment si bien, quand elles aiment... Alors même que le devoir les retient ailleurs, ne peuvent-elles pas être près de nous par la pensée!... Pauvre Clémence, qui s'ennuie tant, qui passe une vie si triste près d'un mari qu'elle n'a jamais aimé, et entourée de parens qui ne cherchent qu'à lui causer des chagrins! Est-ce donc un crime qu'elle vienne chercher un moment, dans mes bras, cet amour, ce bonheur que son cœur avait rêvé et que ceux qui l'entourent ne lui donnent pas? On fait de si singuliers mariages! on sacrifie les jeunes filles!... et ce sont les jeunes femmes qui se vengent.

Le temps est bien mauvais; la pluie fouette contre mes fenêtres; il fait un froid noir. C'est de la neige fondue qui tombe. Clémence bravera-t-elle le vent et la pluie? Oh, oui! quand on aime bien, consulte-t-on le temps! Vite un grand feu, que du moins à son arrivée elle puisse se sécher, se réchauffer... Ah! ce n'est pas à ce feu-là qu'elle se réchauffera le plus.

Fermons mes persiennes, mes rideaux, on n'apercevra pas que j'ai de la lumière chez moi, et je ne me soucie pas de recevoir d'autres visites que celle que j'attends... Il est vrai qu'à moins d'y être poussé par quelque motif puissant, on ne doit point sortir le soir... Mais que sait-on!... Il y a des intrépides! des gens qui barboteraient à travers les ruisseaux plutôt que de passer une soirée chez eux.

Moi-même, si je n'attendais pas Clémence, serais-je resté ce soir chez moi? ce n'est pas probable, et pourtant j'ai à travailler... deux pièces en train... un chapitre à faire... Mais je n'aime pas à travailler le soir en hiver : c'est l'heure des plaisirs; la nuit, passe encore; car alors on n'empiète que sur son repos. Eh! nous aurons toujours le temps de dormir!...

Je baisse ma lampe, dont le jour est trop fort; je mets du bois dans la cheminée, je m'assieds dans une causeuse que j'ai avancée pour y faire reposer Clémence, et je me mets à souffler mon feu, en jetant de temps à autre les yeux sur ma pendule : voilà ma position; vous pouvez facilement vous en faire une idée, car il y a peu d'hommes qui ne se soient trouvés dans une situation semblable : si vous désirez cependant avoir une description plus exacte, des détails plus précis, je vous dirai encore que j'ai vingt-huit ans et une robe de chambre en molleton; que je suis brun et que j'ai des pantoufles vertes; que ma figure plaît aux uns et déplaît aux autres, et qu'alors j'engage les autres à ne pas me regarder; que je suis grand, mais que je me tiens mal, que je suis gai et que j'ai l'air sérieux; que je suis homme de lettres et ne suis point envieux, enfin que l'on me nomme Arthur tout simplement.

Il y a encore beaucoup de choses que je pourrais vous dire; mais à quoi bon? cela vous ennuierait peut-être, et d'ailleurs il est présumable que la suite vous les apprendra.

C'est un beau titre que celui d'homme de lettres, ou du moins, c'est bien agréable d'être libre et d'écrire, de publier ses pensées; quant aux titres, ils ne sont rien pour moi, j'ai renoncé à ceux que je tenais de ma naissance, pour me livrer à mon goût pour les arts; on dit qu'il faut une vocation décidée pour avoir du talent... Ah! ce n'est pas la vocation qui me manque. Mon père ne pense pas comme moi : il appelle les vaudevillistes écrivassiers; les auteurs de mélodrames, thaumaturges; les auteurs d'opéra comiques... Ah! pour ceux-là je n'ose vraiment pas dire comment il les appelle, d'autant plus que j'ai fait aussi quelques opéras comiques.

Mon père n'a jamais lu de romans, moi je les dévore; il n'aime pas le spectacle, j'en suis fou; enfin il n'a jamais chanté de sa vie... et je ne fais que cela. Vous concevez que mon père et moi nous ne pouvions guère nous entendre; et j'ai perdu la seule personne qui pouvait nous rapprocher, celle dont l'indulgence excusait mes défauts, écoutait les rêves de mon imagination, et ne haussait point les épaules à mes premiers essais. Ma mère est morte lorsque j'atteignais ma quinzième année. Ma mère... que je vis toujours triste devant son époux... Pourquoi cela? elle ne faisait point des vers pourtant?... Je n'ai jamais su le motif de sa langueur ni du peu d'empressement que mon père lui témoignait; j'ai pensé que, comme beaucoup de gens, ils s'étaient mariés sans amour et s'en étaient repentis ensuite.

Mon père voulait me faire suivre la carrière des armes, que lui-même a parcourue avec gloire. Il prétendait qu'un homme titré ne pouvait point embrasser d'autre profession. Je n'ai tenu compte ni de ses leçons ni de ses ordres. Pendant qu'il me croyait à étudier le génie, les mathématiques, je faisais un couplet, ou je traçais un plan... non d'attaque, mais de vaudeville. Mon père s'est fâché bien sérieusement, il m'a dit : « Je ne » veux point que mon nom soit prononcé » dans un théâtre, ni imprimé sur une » affiche, et placardé à tous les coins de » rues. »

J'ai répondu : « S'il en est ainsi, je » changerai de nom; et, puisque vous » pensez que je n'ai point assez de talent » pour honorer le vôtre, je tâcherai de » m'en faire un dont je n'aie pas à rou- » gir. » C'est depuis ce moment que je me suis fait appeler Arthur, et rien qu'Arthur.

Ensuite j'ai quitté mon père; ne portant plus son nom, je ne devais plus habiter avec lui. Ma mère m'a laissé près de 4,000 francs de rente: c'est assez pour un poète.

Mon père m'a dit : « Je mangerai toute

» ma fortune; je ne vous laisserai rien. »
Je lui ai répondu bien tranquillement :
« Vous êtes libre ; votre fortune est à
» vous, et je ne vous en voudrai pas de
» disposer de ce qui vous appartient... »
Nous nous sommes quittés, non pas les
meilleurs amis du monde, mais, moi,
le cœur serré, la poitrine oppressée ;
car cela fait toujours mal de se fâcher avec son père. Lui, pour dernier
adieu, m'a crié : « Vous ne ferez jamais
» rien de bien, vous êtes trop libertin
» pour cela! » J'ai quelquefois pensé que
mon père avait raison. Il y a sept ans
de cela, et depuis cette époque je n'ai
aperçu mon père que rarement. Depuis
long-temps ses connaissances n'étaient
plus les miennes ; car je préférais les
coulisses d'un théâtre ou la représentation d'une pièce nouvelle à des réunions

dans lesquelles on tournait en ridicule ce que je déifiais. Maintenant j'ai entièrement cessé d'aller chez les comtes et les marquis qui forment la société de mon père. D'ailleurs je ne m'appelle plus qu'Arthur ; on ne voudrait peut-être pas m'y admettre. Je me suis présenté plusieurs fois chez mon père ; il n'a pas voulu me recevoir... il ne me pardonne pas d'être auteur !... et cependant j'ai obtenu assez de succès pour me faire pardonner. En ce moment il voyage, à ce que je crois... j'aime mieux cela que de le savoir à Paris et de ne pouvoir être reçu chez lui. Cela fait mal de ne pas être admis chez son père... Combien de fois, en m'éloignant de sa demeure le cœur gonflé, les larmes dans les yeux, n'ai-je pas maudit la passion qui me privait de ses embrassemens ! mais c'était plus fort que moi... je ne pouvais y résister ! Je paie bien cher quelques succès éphémères !... Mais on dit qu'il n'est point ici-bas de parfait bonheur... Si j'ai jamais des enfans, je les laisserai suivre à leur gré leur vocation... Eh ! que me ferait l'état de mon fils pourvu qu'il fût honnête homme ? qu'il se fasse tonnelier, peintre, musicien ou maçon, que m'importe !... ce serait toujours mon fils que j'embrasserais.

Il y a long-temps que j'ai fait toutes ces réflexions. En ce moment une seule pensée m'occupe. Va-t-elle venir ? L'heure s'écoule... la pluie ne cesse pas... Elle aura pris une voiture et se fera descendre un peu plus loin. Il faut tant de précautions !... Pauvre femme !... elle risque tout... sa réputation, son avenir, sa position dans le monde, sa vie peut-être!... et moi, que risqué-je?... un coup d'épée ou une balle d'un mari... En vérité! la partie n'est pas égale. Nous devrions adorer ces pauvres femmes qui osent tant pour nous!... nous les adorons bien aussi, mais nous ne leur sommes pas fidèles.

Huit heures et demie! je commence à croire qu'elle ne viendra pas. Peut-être quelque obstacle imprévu... ou bien elle se lasse de cette liaison qui lui a causé tant de peines. Toujours craindre!... trembler!... pour un moment de bonheur, elle aura pensé que c'était l'acheter trop cher... mais alors c'est qu'elle ne m'aime pas beaucoup.

Ah!... on a sonné... je cours... c'est elle... oh! oui, c'est elle. Je l'avais reconnue avant que d'ouvrir. La sympathie n'est point une illusion, notre cœur bat plus vite à l'approche de ceux que nous aimons.

« —Ah! vous voilà enfin!... Je com-
» mençais à désespérer!...—Mon Dieu!...
» ce n'est pas ma faute! »

Je la conduis dans ma chambre, devant le feu. Pauvre Clémence! elle est toute mouillée! ses gants, son manteau, son chapeau sont trempés... et je la grondais!

« Sèche tes pieds... réchauffe-toi....
» voilà un bon feu.

» —Oh! je n'ai pas froid!.. Embrasse-
» moi d'abord. »

Je l'embrasse, puis je la regarde, et je l'embrasse encore. On est si content de posséder ce qu'on a craint de ne plus revoir!.. Je la débarrasse de son chapeau, de son manteau; je la débarrasserais volontiers de bien d'autres choses, mais elle m'arrête en souriant, et me fait asseoir à son côté.

« — Comment se fait-il que tu aies si
» chaud par le temps qu'il fait?— C'est
» que j'ai couru... j'ai eu peur; j'ai cru
» qu'on me suivait. — Est-ce que tu n'as
» pas pris une voiture? — Si, je me suis
» fait descendre rue de l'Échiquier; en-
» suite, j'ai pris par la rue Hauteville...
» j'ai toujours si peur!... Il m'a semblé
» qu'un homme me suivait... je me suis
» trompée, peut-être... mais j'ai été si
» vite... Enfin, me voici près de toi!...
» ils ne peuvent plus m'en empêcher!
» encore un moment de bonheur à ajou-
» ter aux autres, et qu'on ne pourra
» m'ôter!... »

Je serre ses mains dans les miennes, je baise ses yeux bruns que j'aime tant, qui sont pour moi si tendres et si doux;

je caresse ses cheveux châtains qui ne sont jamais arrangés avec prétention, mais qui ont toujours de la grace; je repose ma tête sur son épaule. On est si bien, la tête appuyée sur l'épaule d'une femme que l'on aime! il semble qu'on la respire, qu'on fasse partie de sa personne.

Clémence me conte ses ennuis : on la surveille plus que jamais; on ne veut pas qu'elle sorte. Son mari est vieux et jaloux, il n'a point d'amour pour sa femme, il n'en a jamais eu. Après avoir été fort libertin, il s'est marié lorsqu'il a senti qu'il fallait renoncer à courir les femmes, c'est-à-dire que, devenant malingre, cacochyme, il a pris une épouse pour avoir une garde-malade. Mais, au lieu de se choisir une compagne de son âge, qui ne lui aurait pas demandé d'amour en échange de ses soins, il a encore voulu se donner une femme jeune et jolie, sans s'inquiéter du triste sort qu'il réservait à son printemps. Cette conduite n'est-elle point celle d'un égoïste? et si une femme est excusable d'avoir cédé à son cœur, n'est-ce pas surtout dans la position de Clémence? Mais M. Moncarville est riche, Clémence n'avait rien. On a trouvé d'après cela qu'elle faisait un très-bon mariage. Il a couru quelques bruits sur ma liaison avec la jeune femme, dont j'ai fait la connaissance à la campagne d'une de ses amies ; des officieux ont remarqué que je causais beaucoup avec madame Moncarville; on a trouvé qu'elle parlait de moi avec intérêt; on a su que le hasard me conduisait toujours dans les endroits où elle allait, et on n'a pas manqué de redire tout cela à M. Moncarville, qui a grondé sa femme sur sa légèreté, et lui a défendu d'aller désormais nulle part sans lui. A vingt-cinq ans, il lui faut rester près d'un homme qui gronde du matin au soir; ajoutez à cela des parens curieux, bavards, épiant sans cesse ce qu'elle fait, rapportant au mari ce que l'on dit de sa femme, et vous aurez une idée du bonheur de celle que l'on a mariée à vingt ans avec un homme de cinquante-quatre, qui n'avait que le regret de ne plus pouvoir être libertin.

Mais une femme vient toujours à bout de faire ce qui lui plaît : ceci n'est pas rassurant pour vous, messieurs les jaloux. Tâchez donc qu'il ne plaise à vos femmes que de vous voir et d'être près de vous, car d'honneur, quand il leur vient à l'idée le contraire, toutes vos précautions sont inutiles. Lisez *La Fontaine*; le bonhomme est très-profond sur cette matière.

« Chère Clémence! sais-tu qu'il y
» a dix jours que je ne t'ai vue?—Oh!
» oui, je le sais... Je me suis bien ennuyée depuis ce temps! Et vous...
» avez-vous pensé un peu à moi?... avez-
» vous été sage?— Parfaitement sage!
» —Ce n'est pas ce qu'on me dit! Toutes
» les personnes qui parlent de vous assurent que vous êtes un coureur, un
» mauvais sujet!.. que vous n'aimez aucune femme, ou plutôt, que vous les
» aimez toutes, ce qui revient au même.
» — Ces gens-là disent cela devant vous
» avec intention, c'est pour vous faire de
» la peine, pour nous brouiller. Si on
» disait devant moi du mal de vous, je
» saurais bien prendre votre défense.—

» Mais moi, je n'ose pas... je crains de
» me trahir. Oh! ils ont beau dire tout
» ce qu'ils voudront, cela ne m'empê-
» chera pas de vous aimer. — A la bonne
» heure!... c'est moi qu'il faut croire, et
» non pas eux. Qu'importe que j'aie aimé
» d'autres femmes, pourvu que je n'aime
» plus que toi, et que je t'aime tou-
» jours!... »

Clémence me regarde tristement, et soupire en disant : « Toujours!... Hélas!
» je sais bien que cela n'est pas possible!
» — Et pourquoi donc n'est-ce pas pos-
» sible... Pourquoi êtes-vous certaine que
» je changerai? Vous changerez donc,
» vous? — Oh non! mais moi, c'est bien
» différent!... Mon amour est toute ma
» vie, toutes mes espérances; quand je
» ne te vois pas, je ne suis pas une mi-
» nute sans penser à toi... je ne sors pas,

» je ne vois presque personne, je refuse
» toutes les parties de plaisir qu'on me
» propose, je sais que je ne t'y verrais
» pas, et je m'y ennuierais. On me re-
» proche maintenant d'avoir continuel-
» lement l'air triste, maussade!... Mais
» on me refuse la seule chose que je dé-
» sire... un peu de liberté. Que m'im-
» portent ces bijoux, ces robes, ces châles
» dont on me pare?... je ne veux plaire à
» personne quand je ne puis pas te voir...
» et on trouve mauvais que je ne sois pas
» gaie avec des gens qui m'obsèdent, et
» qui ont l'air de chercher à lire dans
» le fond de mon ame!... Ah! mon ami,
» je passe une vie bien triste!... je sais
» que je suis coupable de vous aimer!...
» Mais puisqu'on m'a fait un cœur qui
» sait si bien sentir les douceurs de l'a-
» mour, pourquoi m'a-t-on mariée à

» quelqu'un qui ne savait pas m'en in-
» spirer?—Tu vois bien que ce n'est pas
» toi qui as tort, ce sont les autres!—Le
» monde ne juge pas ainsi; il faut qu'une
» femme soit fidèle quand même!—Ah!
» c'est donc cela que je n'ai jamais bien
» compris ce quand même. — Prends
» garde... Tu vas chiffonner ma colle-
» rette.—Il faut l'ôter, c'est bien plus
» simple... Pourquoi regardes-tu si sou-
» vent à la pendule?—C'est que je n'ai
» qu'une heure à être avec toi!...—Une
» heure!...—Oui, et encore il m'a fallu
» arranger bien des histoires pour trouver
» cette heure-là... J'ai dit que j'allais
» chez mon cordonnier me faire prendre
» mesure; on m'a répondu que le cor-
» donnier pouvait fort bien venir chez
» moi. J'ai parlé de faire faire des chan-
» gemens à une robe que l'on me fait

» pour la noce de ma belle-sœur, et
» annoncé que j'irais chez ma couturière;
» on m'a dit que le temps était trop mau-
» vais, que l'on irait demain prévenir la
» couturière de passer chez moi... enfin
» j'ai trouvé un mal de dents, un mal
» insupportable; je ne cessais de me la-
» menter, de me plaindre, on a bien
» voulu me permettre d'aller me faire
» arracher ma dent! — Pauvre femme!
» et si on avait voulu t'accompagner?...
» — Ma foi, je crois que je me serais laissé
» arracher une dent; tout cela m'en-
» nuyait tant que je pleurais de colère
» et de chagrin. »

Je la presse dans mes bras pour lui faire oublier ses ennuis, et puis je songe que nous n'avons qu'une heure à être ensemble. Voilà déjà beaucoup de temps de donné à la conversation.

L'heure s'est écoulée bien vite, Clémence a déjà dit plusieurs fois : « Il faut » que je m'en aille, » et elle n'est point partie. Quand on est si long-temps sans se revoir, il est cruel de se quitter si vite. Nous avons toujours mille choses à nous dire, et nous les oublions ou n'y pensons qu'au moment où il faut se séparer.

Clémence connaît mon véritable nom, car ce n'est point une de ces femmes inconséquentes, capables de trahir un secret. Pour elle j'ai non-seulement de l'amour, mais encore de l'amitié. Je lui confie tout ce qui m'intéresse, je sais qu'elle y prend autant de part que si cela la regardait personnellement. Il est doux d'avoir une amie qui partage nos peines ; on trouve tant de femmes qui ne veulent partager que nos plaisirs !

« Quand tu n'auras plus d'amour
» pour moi, » me dit Clémence, « je
» veux être toujours ton amie... Comme
» cela au moins je ne te serai pas entiè-
» rement indifférente. — Mais puisque
» je veux t'adorer toujours... — Ah!...
» ce serait trop beau... On a joué ta
» pièce?... elle a réussi? — Oui! — On me
» l'avait dit... j'ai été bien contente en
» apprenant ton succès... et dire que je
» ne sais quand il me sera permis d'aller
» la voir ! Enfin tu me la donneras lors-
» qu'elle sera imprimée : c'est bien le
» moins que je la lise. Et ton père ? — Je
» crois qu'il n'est pas à Paris, et d'ail-
» leurs, lors même qu'il y serait, tu sais
» bien que je ne le vois plus. Quand je
» vais chez lui on me dit toujours qu'il
» est sorti... Ma foi, je n'irai plus, cela
» lui évitera la peine de me défendre sa

» porte.— Je ne conçois pas qu'il te
» tienne ainsi rigueur!—Je crois qu'il ne
» m'a jamais beaucoup aimé. Il est peu
» sensible, mais très-despote. Il ne faut
» pas se permettre d'avoir une autre vo-
» lonté que la sienne, sous peine de
» perdre ses bonnes graces; il a surtout
» une aversion pour les poètes, qui ne
» me semble pas naturelle; je serais tenté
» de croire qu'il a eu beaucoup à se plain-
» dre de l'un d'eux; mais comme mon
» père n'est nullement communicatif je
» n'en sais pas davantage. Maintenant,
» quand par hasard nous nous rencon-
» trons dans le monde, ce qui n'est ar-
» rivé que deux fois depuis que je l'ai
» quitté, je le salue, et il ne me parle
» que comme à un étranger. Mais tu as
» dû te rencontrer quelquefois avec mon
» père aux soirées de monsieur de Re-

» veillère... je sais qu'il y allait jadis :
» monsieur de Reveillère est un de ses
» anciens amis. — Je ne me suis jamais
» trouvée avec ton père; il est vrai que
» ce n'est guère que depuis un an que
» mon mari me force d'aller à ces grandes
» soirées... Et monsieur de Reveillère
» sait alors ton nom de famille. — Non,
» c'est fort singulier, ayant perdu de vue
» mon père, pendant une quinzaine
» d'années, il sait bien que son ami a eu
» un fils, mais il ne me connaissait pas.
» Depuis, il a invité le poète Arthur à
» venir à ses réunions, sans se douter
» qu'il engageait le fils de son ancien
» ami. Quant à moi, ayant su que mon
» père allait dans cette maison, j'ai cessé
» de m'y rendre, et c'est maintenant
» une privation puisque je pourrais m'y
» trouver avec toi ! — Ton père n'avait

» pas le droit de te retirer son nom. —
» Il ne m'a pas non plus ordonné de le
» quitter; mais en me disant qu'il rou-
» girait si on prononçait son nom sur
» un théâtre, n'était-ce point m'obliger
» à en prendre un autre?... Au reste, ce
» n'est pas cela qui me chagrine... tu
» m'as bien aimé quoique je ne m'appe-
» lasse qu'Arthur... — Oh! tu sais bien
» que c'est toi seulement que j'aime...
» Ne me confonds pas avec ces femmes
» qui te recherchent à cause de tes suc-
» cès, et qui peut-être t'oublieraient de-
» main, si demain ton nom n'était plus
» cité avec éloges. Tes succès me font
» plaisir, parce que je sais qu'ils te ren-
» dent heureux, mais tu cesserais d'en
» avoir que tu ne m'en serais pas moins
» cher... — Je me flattais que mon père
» cesserait de m'en vouloir... et serait

» même en secret flatté d'entendre louer
» son fils... mais non, il voulait que je
» devinsse colonel... que j'épousasse une
» marquise... une duchesse peut-être...
» — Ah!... oui... vous vous marierez
» quelque jour!—Non, non, je ne pense
» pas à cela... Eh bien!... tu pleures à
» présent... Pourquoi donc pleures-tu?...
» — Je songe que tu te marieras!... c'est
» tout naturel... il faut bien que tu te
» maries... et pourtant je ne puis pas
» songer à cela sans être si malheu-
» reuse!... j'ai tort, ne parlons plus de
» mariage... Qu'avez-vous fait depuis dix
» jours? vous avez été en soirée, au spec-
» tacle?... Pour vous la vie est une suite
» continuelle de plaisirs; vous voyez
» bien que j'ai raison de craindre que
» vous fassiez d'autres connaissances...
» vous voyez de jolies femmes... plus

» aimables... plus spirituelles que moi...
» elles vous plaisent... vous leur faites la
» cour. — Puisque je vous aime, je n'en
» trouve pas de plus jolie, de plus ai-
» mable que vous... — Oui... dites-moi
» cela!... c'est toujours un bonheur de le
» croire... Mais renvoyez-moi donc... je
» vais être grondée... Que vais-je dire
» pour avoir été si long-temps?...— Que
» le dentiste avait du monde, qu'il a
» fallu attendre. — On ne me croira
» pas... — Et quand te reverrai-je? —
» Je ne sais... je tâcherai de t'écrire. —
» C'est donc bien difficile de m'écrire?...
» — Eh! mon Dieu! si je n'étais pas sans
» cesse surveillée, je ne ferais que cela...
» Mais ils auront beau m'espionner, je
» trouverai bien encore un moment...
» Adieu, Arthur... Quand vous ne m'ai-
» merez plus... vous me le direz, n'est-ce

» pas? — Tout à l'heure tu trouvais
» que c'était encore un bonheur d'être
» trompé... — Oh! non, décidément
» j'aime mieux que vous me parliez
» franchement que de me voir par com-
» plaisance : cela me ferait trop de mal
» de vous ennuyer... — En vérité, Clé-
» mence, vous êtes terrible, ce soir...
» — Allons, ne te fâche pas... Voyons,
» il faut pourtant s'en aller... Et ce por-
» tier... qu'est-ce qu'il doit penser en me
» voyant monter ici ? — Oh! sois tran-
» quille, mon portier ne pense qu'à sa
» perruche, à laquelle il apprend depuis
» six mois : *d'un bouquet de romarin*, et
» qui ne dit encore que : *un bouquet du*
» *ro... du ro... du rrrroti!* — Comment!
» ton portier a une perruche? — Oui,
» madame. Autrefois ces braves savetiers
» n'avaient que des pies ; mais le siècle

» marche, comme disent nos grands
» hommes, qui se figurent peut-être que
» sous nos bons aïeux le Temps avait
» coupé ses ailes. Les portiers ont suivi
» le mouvement : ils ont remplacé la
» margot par le perroquet ou la perru-
» che; quelques-uns même ont des sin-
» ges. On m'a conté qu'un portier, fati-
» gué de tirer sans cesse le cordon, avait
» acheté un singe, auquel il avait appris
» à le remplacer. Le portier pouvait aller
» bavarder ou s'endormir dans sa loge;
» le singe tirait ponctuellement le cor-
» don à chaque coup de marteau. Mais
» un soir le propriétaire de la maison,
» homme respectable, coiffé en oreilles
» de pigeon, parlait à son concierge,
» lorsqu'on frappa à la porte. Le portier
» voulut faire lui-même son service;
» alors le singe, voulant absolument tirer

» quelque chose, se pendait à la queue
» du propriétaire, dont il arracha la
» perruque; et le portier et son singe
» furent mis à la porte. — Que tu es
» heureux de pouvoir toujours rire!...
» Adieu, Arthur..... embrassez-moi....
» Adieu... oh! cette fois, c'est pour tout
» de bon! »

Elle s'est dégagée de mes bras, et s'avance vers la pièce d'entrée, lorsque nous entendons sonner avec force à ma porte.

Clémence s'arrête et devient tremblante.

« Du monde!... Qui donc peut venir
» le soir chez toi? — Je ne sais... je
» n'attends personne... le portier ne sait
» même pas si j'y suis... T'a-t-il de-
» mandé où tu allais... — Non... il ne
» me le demande jamais. — On va s'en
» aller peut-être... »

En ce moment on sonne de nouveau, et comme si on voulait arracher le cordon de la sonnette. Clémence pâlit et me regarde en balbutiant : « Si on
» m'avait suivie... si c'était... — Eh
» non!... tu t'effraies mal à propos...
» mais il faut ouvrir... cela vaut mieux..
» on sait à quoi s'en tenir. Reste là dans
» cette pièce... je te promets qu'on n'y
» pénétrera pas. »

Je la fais entrer dans une petite chambre où il n'y a point de lumière, je tire la porte après elle, et je cours ouvrir.

Un petit homme âgé, ayant des lunettes vertes et un parapluie sous le bras, se décrotte sur mon paillasson et se dispose à entrer chez moi, en criant comme un sourd :

« Bonsoir, monsieur Grognard, j'avais
» peur que vous n'y fussiez pas... mais

» le portier m'avait dit, il est chez lui...
» Voilà un temps bien déplorable!.. »

J'arrête le vieux monsieur qui veut toujours entrer, en lui disant avec humeur : « Eh, monsieur!... ce n'est pas » ici chez M. Grognard... c'est en face!.. » est-ce que vous ne pouviez pas de- » mander au portier?.. — Comment! je » me suis trompé... tiens! c'est vrai... je » croyais avoir sonné à gauche... Ah! » mon Dieu!.. moi qui viens si souvent » chez lui... »

Je referme la porte sur le nez du petit homme, sans en entendre davantage, puis je vais trouver Clémence et je ne puis m'empêcher de rire en la regardant.

« As-tu entendu!.. — Oui. — Comme » c'est agréable les personnes qui se » trompent, et qui casseraient votre

» sonnette jusqu'à ce que vous leur
» ayez ouvert... Ah! eh! — Tu ris...
» moi, j'ai eu bien peur. — Le plus
» court est d'en rire... allons, embrasse-
» moi... remets-toi... tu vois qu'on se
» fait souvent des terreurs pour bien
» peu de chose. — Que veux-tu? c'est
» plus fort que moi... adieu... je t'écri-
» rai... pense à moi, n'en aime pas d'au-
» tres. — Mais au fait je vais te recon-
» duire jusqu'à un cabriolet... il est
» tard, je ne veux pas que tu ailles seule
» dans les rues à présent. — Si on nous
» rencontre : — On ne nous rencontrera
» pas. »

Je prends mon chapeau, mon manteau, je laisse ma lampe allumée, et nous descendons mes trois étages. Elle passe lestement devant la loge du portier ; précaution assez inutile, mon concierge ne regarde jamais qui entre ou qui sort, et si les locataires ne sont pas volés, il n'y a nullement de sa faute.

Je prends le bras de Clémence, que j'entortille dans mon manteau, nous marchons très-vite et serrés l'un contre l'autre. La pluie a cessé, mais le vent souffle avec violence. Clémence baisse la tête dès que quelqu'un passe près de nous. Nous apercevons bientôt la place où sont les cabriolets.

« C'est ici qu'il faut nous quitter, » me dit Clémence en dégageant son bras du mien, « moi je vais rentrer... être
» grondée et gardée à vue plus que ja-
» mais ; mais toi... que vas-tu faire?...
» aller t'amuser... faire l'aimable...
» m'oublier. — Que c'est vilain de me
» dire toujours cela!.. Si par ma position
» j'ai une existence plus gaie que la
» tienne, ce n'est pas une raison pour

» que je t'aime moins. — Mais c'est que
» tu as mille occasions de m'être infidèle.
» — Je n'en ai que plus de mérite à ne
» l'être pas... Toi c'est tout le contraire;
» on ne te laisse pas approcher... sans
» cela, qui sait, peut-être un autre
» m'aurait déjà chassé de votre cœur.
» — Ah! c'est affreux de dire cela...
» j'espère que vous ne le pensez pas! »

Malgré le vent qui soufflait, et l'heure qui la pressait, je crois que nous serions encore à causer dans la rue, si un homme ne s'était avancé de notre côté. Clémence qui craint toujours que ce ne soit quelqu'un qui la connaisse, me quitte cette fois pour tout de bon. Elle court, ou plutôt elle vole jusqu'à un cabriolet, monte dedans et disparaît bientôt à mes yeux, qui suivent la voiture jusqu'au bout de la rue.

CHAPITRE II.

ADOLPHE.

J'étais encore dans la rue, indécis sur ce que je ferais, encore sous l'influence de l'amour et des regrets, encore attristé de voir s'éloigner celle que j'aime; mais cependant ne voulant pas à cause de cela aller me coucher à neuf heures et demie, je me dirige vers un des théâtres du boulevart.

On jouait ce même soir une pièce de moi. J'aime assez à me juger de la salle ; quelques auteurs n'ont pas ce courage et ne vont jamais se mêler au public, pendant qu'on représente un de leurs ouvrages. Il est certain que l'on s'expose à s'entendre adresser de fort mauvais complimens ; mais il faut entendre tout cela, comme si cela ne nous regardait pas. Ne travaillez point pour le théâtre, ne vous faites pas imprimer, si vous ne pouvez supporter ni les critiques, ni les sifflets, ni les articles des journaux. Mais si au contraire vous appréciez tout à sa juste valeur, si vous êtes le premier à rire d'un article méchant, mais bien fait ; si vous vous moquez des coups de pieds de l'âne, et des injures du renard, faites comme moi, allez votre train, rapportez-vous-en à la masse toujours juste, au temps toujours impartial, et à vos envieux eux-mêmes, qui vous servent en croyant vous nuire.

Je me place dans le fond d'une baignoire découverte; il y a deux dames sur le devant. Je me tiens bien tranquillement au fond de la loge, et ne dis rien. Je ne porte pas, comme Piron, le stoïcisme, jusques à cabaler et siffler mes pièces; j'écoute : dans la salle on riait : les dames placées devant moi levaient les épaules.

« C'est bien mauvais ! » dit l'une, « c'est pitoyable ! » répond l'autre, et on se retourne un peu de mon côté, comme pour voir si j'approuve ; je suis impassible ; mais j'ai regardé ces dames, et je vois avec plaisir qu'elles sont laides toutes deux. Il y a une certaine jouissance à voir que la nature nous venge des gens qui disent du mal de nous.

« Je suis bien fâchée d'être venue
» ici, » reprend une de ces dames, en se penchant un peu en arrière. « Nous
» aurions bien mieux fait d'aller au
» Gymnase... ah, Dieu! à la bonne
» heure! voilà un théâtre qui est si bon
» ton!... — Nous n'aurions pas eu de
» places, il était trop tard... — Com-
» ment peut-on rire de toutes ces bêti-
» ses-là!... — C'est ce que je me de-
» mande... Voyons de qui est cette
» pièce? *Ah! Arthur...* celui qui a fait
» des romans qu'on n'ose pas lire!...
» je le connais... — Moi aussi je le con-
» nais : je me suis trouvé avec lui en
» soirée. C'est un petit bossu... — Oui,
» un vieux maigre. »

Je ne savais pas être vieux, maigre et bossu. Quant à moi, je ne reconnais aucunement ces dames qui prétendent me connaître si bien. Mais, d'après les cris de prudes qu'elles viennent d'affecter, je gagerais que ce sont tout au plus des demi-vertus. Les femmes honnêtes n'ont pas pour habitude d'être bégueules, elles craindraient de se faire remarquer.

Il ne s'est pas écoulé un quart d'heure avant que je n'aie la preuve que je ne m'étais pas trompé. On se fait ouvrir la loge où nous sommes. C'est un grand monsieur à moustaches noires, à gros favoris, avec un collier de cheveux qui encadre son menton, et des yeux qui semblent vous demander la bourse ou la vie. Une odeur de pipe et d'eau-de-vie pénètre dans la loge avec ce monsieur, qui, sans entrer, se penche sur les bancs en criant à ces dames :

« Comment! vous êtes aux baignoires,
» et voilà deux heures que je vous cherche
» aux premières... aux avant-scènes!...
» Eh bien! c'est gentil!... En voilà de
» l'agrément!...

» — Mon Dieu! Théodore, ce n'est pas
» la peine de se mettre en vue ici!... à
» un si mauvais théâtre!... et puis Estelle
» n'était pas en toilette... Venez donc
» près de nous.

» — Ah oui! prenez garde de le per-
» dre!... je vais m'enfermer dans vos
» cages à poulets!... c'est bien gentil!...
» Ah! dites donc, joue-t-on mal ici!...
» c'est une horreur; c'est se moquer du
» monde!... On devrait pendre tout ça,
» auteur et acteur.

» — Est-il méchant!... Venez donc là...

» — Bien sensible. — Et Follard est-il
» avec vous? — Non, il est en grande
» soirée chez des comtes, des marquis...
» Oh! lancé tout-à-fait!... C'est fini,
» depuis son retour d'Angleterre, on ne
» peut plus l'avoir... — Mais il m'avait
» promis de venir dîner demain chez
» moi. — Oh! alors il viendra; c'est un
» garçon exact... comme moi.— Ce n'est
» pas trop dire... — Est-ce que je vous
» ai jamais manqué, mesdames?... Ré-
» pondez, vous ai-je manquées!... —
» Venez donc près de nous... nous nous
» ennuyons à mourir; vous nous égaie-
» rez...—Jamais... j'aurais des crampes
» dans une loge comme cela... Je vais
» voltiger... Bien du plaisir. »

M. Théodore a refermé la porte de la
loge comme s'il devait la casser; et moi
je souris de pitié en regardant ces deux

dames qui se pincent la bouche d'un air de dédain lorsqu'on dit dans la pièce un mot un peu leste, et qui ont pour cavalier un croupier de roulette; car je viens de reconnaître dans l'homme à moustaches un de ces messieurs qui sont assis et font tourner la boule à l'un des tapis verts du Palais-Royal.

Vous allez donc dans des maisons de jeu? me direz-vous. Quand on écrit, et qu'on veut être vrai, il faut aller partout; il faut pouvoir non pas inventer, mais se rappeler. J'ai parfaitement reconnu M. Théodore, parce que sa figure, sa voix, ses manières sont fort reconnaissables. J'ai très-mauvaise opinion de lui, non pas parce qu'il est croupier; on peut accepter un emploi peu honorable pour soutenir sa famille, cela s'est vu; mais M. Théodore ne soutient personne, et je le crois plutôt à la charge de tous ceux qui ont le malheur de le connaître : c'est un pilier d'estaminet; c'est un tapageur, un homme que l'on rencontre partout où il doit y avoir du monde : aux fêtes, aux pièces nouvelles; toujours mis avec recherche, avec affectation, ayant l'air de dire : « Regardez-moi, voyez comme je suis » beau!... » et croyant cacher ses manières canailles sous un air impertinent.

J'ai bien assez des connaissances de M. Théodore; je laisse ces dames se désoler, se lamenter d'être venues à un spectacle si indigne d'elles, et je sors de la loge, non sans m'être permis de repousser un peu leurs chapeaux pour pouvoir lever la banquette, ce qui leur a fait froncer le sourcil, et me regarder d'un air qui semble dire : « Vous êtes bien

» hardi de toucher à nos chapeaux!... »
et j'ai envie de leur répondre : « Je ne
» le serai jamais assez pour toucher à
» vos personnes. »

Je suis allé regarder un moment à
l'entrée de l'orchestre ; tout à coup je me
sens frappé à l'épaule. C'est un monsieur
que je connais fort peu, mais qui me
parle toujours ; il se met à crier :

« Bonsoir, monsieur Arthur. Vous
» venez voir votre pièce?... et moi aussi,
» je viens la voir... J'arrive... un peu
» tard... mais c'est égal... je compren-
» drai ; j'ai lu le journal... Ah! ah! je
» vais vous claquer! On dit que ce n'est
» pas mal, votre pièce. Est-ce de vous
» seul?... en avez-vous d'autres sur le
» chantier? »

Je ne connais rien de plus détestable
que d'être ainsi nommé et donné en

spectacle à toutes les personnes qui vous entourent, et qui croient que vous venez vous placer là pour tâcher d'être reconnu. Je tourne le dos à mon bavard, et m'éloigne en murmurant je ne sais quoi. Je vais quitter le théâtre, lorsque, dans un corridor, je m'entends appeler, mais tout bas cette fois.

Il faut d'abord que je vous apprenne que j'ai un ami. C'est bien peu, me direz-vous. Moi je trouve que c'est beaucoup. Et encore lorsque je dis que j'ai un ami, j'entends par-là que j'ai de l'amitié pour quelqu'un; mais je ne voudrais pas mettre la sienne à de trop rudes épreuves. Celui dont je veux vous parler se nomme Adolphe Designy, il est d'une ancienne famille de Bretagne, dont mon père lui-même n'aurait pas dédaigné la connaissance. Adolphe a vingt-deux ans, et il en paraît à peine dix-neuf; il est joli garçon; ses joues rosées ont encore la fraîcheur du premier âge; ses grands yeux bleus ont une expression de franchise qui prévient en sa faveur; enfin il a toute la candeur que son physique annonce; il se jette corps et ame dans toutes les séductions qui s'offrent à lui; il se laisse tromper de la meilleure foi du monde; et jusqu'à présent, cela ne l'a pas rendu plus défiant. Est-ce amour-propre, est-ce bonhomie? il ne veut jamais croire qu'on ait l'intention de le duper...

Il y a deux ans qu'il est à Paris. Ses parens ont de la fortune, et ne lui font qu'une très-modeste pension pour l'empêcher de faire des folies; ce qui n'est pas toujours le bon moyen. Ce n'est pas en nous privant d'un plaisir qu'on nous ôte l'envie de le goûter; il serait plus rationnel de nous laisser en prendre trop.

Le jeune Designy doit apprendre le droit, quoiqu'on n'ait pas l'intention d'en faire un avocat; mais avec une ame facile à enflammer, un caractère liant, et peu de perspicacité, il était difficile qu'à Paris il ne s'écartât pas de la route que ses parens lui avaient tracée. C'est un jeune homme qui se livre trop, et qui, s'il s'aperçoit qu'il a fait une sottise, y persévérera par amour-propre et pour ne pas convenir qu'il s'est trompé. J'ai eu occasion de faire sa connaissance peu de temps après son arrivée à Paris : il y a en lui un fonds de candeur qui m'a plu; et j'ai répondu aux avances qu'il m'a faites, en désirant lui être utile, et lui apprendre à connaître mieux son monde, non pas que je me flatte d'être moi-même bien fin et de ne jamais me laisser tromper; mais on voit souvent mieux dans les affaires des autres que dans les siennes, par la raison que nous envisageons de sang-froid et sans passion celles qui n'intéressent que nos amis.

Adolphe a été enchanté de faire ma connaissance parce que je suis auteur, que je vais sur les théâtres, que je suis souvent en rapport avec des acteurs et des actrices. Pour les jeunes gens qui arrivent à Paris avec une ame presque vierge de passions, le théâtre est un lieu de délices, les actrices sont des déesses, les acteurs des demi-dieux et les auteurs des mortels favorisés du ciel. Pauvre Adolphe!... j'ai déjà cherché à lui prouver que toutes ces divinités n'avaient rien que d'humain. Je lui ai donné quelques leçons un peu sévères peut-être, mais j'aime ce jeune homme, et c'est pour cela que je voudrais l'éclairer. J'ai six ans de plus que lui, et une grande expérience. Je me permets de faire le mentor, et si je ne prêche pas d'exemple, je prêche beaucoup en paroles. Quelquefois mes avis, mes conseils ennuient Adolphe ; je m'en aperçois parce que je suis alors plusieurs jours sans le revoir. Mais lorsque les événemens lui prouvent que j'avais raison, que je lui avais prédit juste, il revient me trouver; il n'ouvre pas la bouche sur ce qui lui est arrivé. Je ne lui fais aucune question sur le passé et nous sommes très-bons amis, jusqu'à ce qu'il ait fait une nouvelle folie pour laquelle je le gronde et qu'il recommence à me bouder.

C'est Adolphe que je viens de rencontrer au spectacle, se promenant dans un couloir avec une femme jeune, et assez gentille, mais dont la tournure me semble un peu équivoque. Cette dame ou cette demoiselle, je crois que ces deux titres lui conviennent également, se penche après le bras de son cavalier comme si elle tenait à prouver en public la grande intimité qui les unit. Adolphe, tout fier du laisser-aller de sa dame, a sur ses lèvres un sourire de satisfaction et dans les yeux quelque chose qui semble dire : j'espère que vous voyez que c'est ma maîtresse.

« Bonsoir, monsieur Arthur, » me dit Adolphe en s'arrêtant devant moi avec sa dame.

« — Ah! bonsoir, Adolphe!... »

Et nous restons quelques instans à nous regarder. Il veut voir si j'admire sa nouvelle conquête, et il y a sans doute dans mes yeux quelque chose de moqueur qui le contrarie, car il reprend d'un air plus sérieux : « Madame avait » envie de venir au spectacle... je l'ai » menée voir votre pièce. — C'est fort » aimable à vous. Je désire que cela plaise » à madame. — Oh! monsieur, on est » toujours sûre de s'amuser à vos ou- » vrages... ils sont si gais !... »

C'est la jeune dame qui vient de me répondre elle-même, en souriant d'une façon fort agréable et qui me fait voir des dents très-blanches et très-bien rangées. On n'est jamais insensible à un mot flatteur, surtout quand il nous vient d'une jolie bouche. La jeune dame me paraît infiniment mieux!... Voyez comme sont les hommes!... Je la remercie en fixant ses yeux qui sont très-expressifs. Adolphe a l'air enchanté; il reprend :

« Madame avait bien envie de vous

» voir... elle connaît tous vos ouvrages;
» je lui ai dit que j'avais le plaisir d'être
» fort lié avec vous... Vous voyez, Ju-
» liette, que je ne vous avais pas trom-
» pée.

» — Je n'ai jamais pensé que vous
» étiez un trompeur ! » répond Juliette
en souriant avec malice, et en me regardant comme pour voir si je la comprends, et j'ai dans l'idée que je l'ai comprise.

« On va commencer... Venez donc
» avec nous si vous êtes seul... — Volon-
» tiers. »

Je les suis dans une loge des secondes. Je me place derrière eux. La maîtresse d'Adolphe a la bonté de s'occuper beaucoup plus de moi que de lui; elle paraît être fort gaie, elle rit facilement, elle a des mots heureux; je ne sais si elle a de l'esprit. Avec les femmes on s'y trompe souvent : du jargon, du babil, de la méchanceté ont souvent plus de brillant que l'esprit même ; mais c'est un feu d'artifice qui ne dure pas; et, au bout de quelque temps, on est tout étonné de ne plus rien trouver ou d'entendre constamment la même chose...

Dans un moment où cette dame est bien occupée de ce qu'on joue, Adolphe se penche vers moi et me dit à l'oreille.

« Comment la trouvez-vous ? — Très-
» bien. — Elle m'adore. — C'est possible.
» — Oh! elle me l'a prouvé... C'est une
» femme... très-distinguée... qui a eu
» des aventures... — Pour ça, je le crois!
» — Oh! mais pas des aventures comme
» vous pourriez le supposer!... elle est
» fort honnête... Venez donc un peu ce
» soir au café en bas, après le spectacle

» j'irai la reconduire; elle demeure dans
» ma maison, et j'irai vous retrouver, je
» vous conterai comment j'ai fait la con-
» naissance de Juliette. — C'est bien...
» je vous attendrai au café. »

Le spectacle se termine. Adolphe emmène sa petite conquête en me disant : « Au revoir, » et madame Juliette me fait des yeux qui semblent me dire au revoir aussi.

Je vais entrer au café ; au moment d'y pénétrer un confrère qui en sortait me prend le bras, en me disant : Vous allez me reconduire, nous causerons de notre affaire.

Je me laisse emmener ; le temps est remis à la gelée ; mais nous nous promenons comme si nous étions en été : le génie et l'amour n'ont jamais froid, et il paraît que nous avions beaucoup de génie ce soir-là, mon collègue et moi, car nous causions depuis long-temps sur les boulevarts, et nous établissions le plan d'une pièce qui devait avoir un succès *foudroyant*, pour me servir des termes à la mode, lorsque je me rappelle qu'Adolphe doit m'attendre au café. Je quitte vivement le confrère, et reviens au lieu de notre rendez-vous.

Il est près de minuit; on commençait à fermer le café dans lequel il ne reste plus que quelques flâneurs, ou de ces amateurs obstinés qui n'iraient point se coucher sans avoir lu le journal du soir. Je ne vois pas Adolphe; il est peut-être au billard.

Je monte au billard. Il y a beaucoup de monde; on joue, on boit du punch, la partie semble animée. Adolphe est un des joueurs, et, dans son adversaire, je reconnais avec surprise M. Théodore.

Adolphe connaîtrait-il ce monsieur de la roulette, ou est-ce par occasion qu'il fait une partie avec lui? je saurai cela bientôt.

Le beau monsieur à moustaches semble être de fort belle humeur ; il joue avec grace, et, en s'étendant nonchalamment sur le billard, fait bille presque à chaque coup, tandis qu'Adolphe, dont le teint est animé et le visage légèrement contracté, joue fort mal et manque presque tous ses coups.

Il me paraît que ces messieurs jouent du punch pour une partie de la galerie, car il y a une douzaine de verres autour d'un second bol, et, tout en se dessinant, M. Théodore crie : « Allons, verse ; Sa-
» lomon ; verse, c'est M. Adolphe qui
» veut régaler. »

L'individu qu'on appelle Salomon, non pas, je pense, à cause de sa sagesse, est un habitué d'estaminet, de ces hommes toujours sales, boutonnés jusqu'au menton, l'air continuellement de mauvaise humeur, et les deux mains dans leurs poches. A l'appel de son ami Théodore, il se dirige, en se dandinant, vers la table au punch, mais il s'arrête en chemin pour frapper du pied, en s'écriant :
« Il n'y a rien qui me mette de mauvaise
» humeur comme ça !... — Qu'est-ce
» qu'on t'a donc fait, Salomon ? — C'est
» Alexandre qui a laissé prendre ma
» pipe... une pipe si bien culottée ! j'y avais
» mis tant de soins ! — On t'en donnera
» une autre.... — C'est pas la même chose !
» je tiens à ma pipe, moi... que voulez-
» vous, je suis ridicule, c'est possible...
» mais je suis comme ça... — Allons,

» verse donc... Ah! monsieur Adolphe...
» vous n'y êtes plus!.. vous manquez les
» plus belles!... »

En effet, Adolphe ne sait plus ce qu'il fait. La partie l'occupe tant qu'il ne voit pas que je suis là. Je vais à lui :

« — Vous jouez en m'attendant?..—
» Ah! vous voilà... Oui... je fais une
» partie... Prenez donc un verre... bu-
» vez donc du punch... — Vous con-
» naissez ce monsieur avec lequel vous
» jouez?... — Je le connais un peu... Il
» est très-aimable... il est lié avec tout
» ce qu'il y a de mieux à Paris. »

Je suis tenté de lui dire : « Vous êtes
» bien niais, mon cher ami ! » mais ce n'est pas le moment. Je vais prendre un verre de punch, et j'examine la scène. M. Salomon a versé, mais il ne veut pas boire; il va s'étendre sur une banquette

en répétant : « Je suis ridicule... eh ben !
» oui, oui, je suis ridicule... mais enfin,
» je suis comme ça !.. je n'aime pas qu'on
» touche à ma pipe. »

M. Théodore fait des points en se donnant des graces; en passant près de son ami Salomon, il lui frappe sur le ventre et lui dit : « Pourquoi ne veux-tu pas
» accepter un verre de ce punch que monsieur perd avec tant de générosité ? —
» Non... je n'aime pas qu'on touche à
» ma pipe.... Je suis très-ridicule,
» moi !... »

L'état dans lequel je vois Adolphe ne me semble pas naturel ! de grosses gouttes de sueur coulent de son front, ses veines sont gonflées, il ne sait plus ce qu'il fait, car il manque des billes où il n'y a qu'à pousser. Je crois deviner la cause de son trouble !.. il n'a pas assez d'argent sur lui pour payer tout ce qu'il va perdre, il ne sait pas comment il fera, et il jouerait toute la nuit pour que ça ne finît pas.

Pauvre garçon!... Je comprends à présent pourquoi il joue si mal. Il faut que je le tire de là. Je me suis trouvé à dix-neuf ans dans une situation semblable, et je me rappelle que j'étais bien mal à mon aise.

M. Théodore, tout en retournant au punch, dit à son jeune ami :

« Je crois, monsieur Adolphe, que
» vous voulez régaler ce soir... Vous
» n'êtes pas en train... Vous savez que
» nous jouons aussi tous les frais... Vous
» en devez cinq... moi dix-huit, et c'est
» la belle... à vous à jouer... vous êtes
» collé, jeune homme !...

» — Ah! oui... ah!.. c'est la belle.,. »

murmure Adolphe, en s'essuyant le front, et il se dispose à jouer. Je l'arrête...

« Si vous-voulez, et si monsieur y
» consent, je prends votre partie. »

Adolphe me regarde, comme s'il doutait de ce qu'il vient d'entendre, il balbutie : « Ma partie... comment !... vous
» prendriez ma partie !... mais je vais de-
» voir tout...— Je vous dis que je prends
» votre partie... Vous n'êtes pas en train
» ce soir... »

Le grand Théodore me regarde en caressant ses moustaches, et s'écrie : « C'est
» une plaisanterie que fait monsieur !...
» — Non... je vous répète que je me
» mets à la place de monsieur, si vous
» ne me craignez pas trop.— Vous craindre ! Mais songez donc que mon adver-
» saire n'en a que cinq, que j'en ai dix-

» huit, que nous jouons en vingt-quatre,
» et qu'il s'agit de deux bols de punch or-
» nés de macarons, et tous les frais!...
» — Je sais tout cela... et je prends tou-
» jours la partie; voulez-vous, Adolphe?—
» Oh! de grand cœur... et vous, monsieur
» Théodore?.. je vous préviens que mon-
» sieur est plus fort que moi. — Mon-
» sieur serait-il fort... comme quarante
» mille hommes... une partie de cinq à
» dix-huit, il serait plaisant de me voir
» reculer. »

Adolphe me présente sa queue comme quelqu'un qui se voit hors d'un précipice. Je sais bien que je perdrai, mais je veux tâcher de m'amuser pour mon argent. Tout le monde s'est approché, on est curieux de voir comment je me tirerai de la partie dans laquelle je me suis engagé. M. Salomon, seul, est resté étendu sur son banc où il crie encore au garçon : « Je vous avais pourtant bien » défendu de laisser jamais toucher à » ma pipe!... Ça m'est égal qu'on me » trouve ridicule, je suis comme ça. »

Je joue très-hardiment, car je suis persuadé que je perdrai ; mais le hasard me sert, je fais neuf points de suite, ce qui rétablit presque l'équilibre entre ma position et celle de mon adversaire. M. Théodore ne se donne plus de graces, il ne fredonne plus ; sa figure a pris de l'expression de celle de son ami Salomon! Il joue serré, il fait relever les quinquets, il ne veut pas que personne remue, parce que cela lui donne des distractions. Enfin, après m'avoir vu avec effroi arriver à vingt-deux points, il parvient à gagner la partie. Il jette alors sa queue sur le billard, en s'écriant, comme un général qui viendrait de gagner une bataille :

« Monsieur est de la première force!...
» je ne me doutais pas à qui j'avais af-
» faire !... mais il est de la première
» force!... »

Je reçois avec beaucoup d'indifférence les complimens de M. Théodore, je paie tout ce qui est dû, je fais signe à Adolphe et nous partons.

« Je suis bien fâché que vous ayez
» perdu, » me dit mon jeune ami lorsque nous sommes sur le boulevart. « J'ai
» bien cru un moment que vous gagne-
» riez.—Et moi je n'en ai jamais eu l'idée.
» — Pourquoi donc alors avez-vous pris
» ma partie?—Parce que je voulais vous
» tirer d'une position désagréable; soyez
» franc, Adolphe... c'est d'ailleurs vo-
» tre habitude : vous n'aviez pas assez

» d'argent sur vous pour payer ce que
» vous pouviez perdre. — C'est vrai...
» Oh! cela me tourmentait horrible-
» ment... Mais comment avez-vous de-
» viné cela?—C'était bien facile à voir...
» d'après la manière dont vous jouiez, et
» la figure que vous faisiez. Mon cher
» Adolphe, rappelez-vous qu'il ne faut
» jamais se mettre à aucun jeu, si l'on
» n'a pas en poche beaucoup plus qu'on
» ne jouera; car, alors la peur de per-
» dre vous fera faire mille bévues et vous
» serez toujours vaincu.—Je ne croyais
» jouer qu'une partie... on en a proposé
» d'autres... je n'ai pas osé refuser. D'ail-
» leurs, je suis aussi fort que ce mon-
» sieur, et en effet si j'avais eu plus d'ar-
» gent sur moi, il ne m'aurait pas ga-
» gné. — Ce n'est pas encore certain;
» ce monsieur est de ceux qui font pres-

» que métier du jeu, et ces gens-là jouent
» bien. D'où connaissez-vous ce monsieur
» Théodore?—De l'avoir rencontré... au
» café... au spectacle. — Mon cher Adol-
» phe, c'est une fort mauvaise connais-
» sance que vous avez faite!... Croyez-
» moi, n'allez plus avec cet homme-là.
» — Vous croyez toujours que l'on veut
» me perdre!... me tromper!...—Je ne
» vous dis pas qu'on veuille vous per-
» dre... je vous crois un assez bon natu-
» rel pour résister à ce qu'on ferait pour
» cela. Mais je dis que l'on abuse de vo-
» tre candeur, et que nous vivons dans
» un monde avec lequel cette vertu-là est
» presque un défaut. Je vous ennuie en
» vous disant cela, je le vois bien; mais
» que voulez-vous?... c'est par amitié
» que je vous parle ainsi ; j'ai de l'expé-
» rience, moi.—Vous sert-elle beaucoup?

» — Elle pourrait me servir très-peu et
» être fort utile à mes amis; mais par-
» lons de votre nouvelle conquête.—Ah!
» n'est-ce pas qu'elle est charmante? —
» Oui, sa figure est très-agréable. Il n'y
» a pas long-temps que vous connaissez
» cette femme-là? — Il n'y a que six se-
» maines; elle a loué dans ma maison...
» sur mon carré même, de sorte que le
» soir en rentrant... je n'avais pas de lu-
» mière, mais elle en avait, et sa porte
» était toujours ouverte...—C'était bien
» prévoyant de sa part. — J'ai demandé
» la permission d'allumer ma chandelle...
» et puis... petit à petit... — Je devine
» le reste; mais qu'est-ce que c'est que
» cette femme-là?.. est-ce une dame d'a-
» bord? — Oui... c'est-à-dire, c'est une
» veuve. — Elle est bien jeune pour être
» déjà veuve. — Elle a vingt-quatre ans.

» On l'a mariée à dix-huit; son mari s'est
» pendu après quinze jours de mariage.
» — Diable! il paraît que ce n'était pas
» sa vocation. — C'était un joueur; il
» avait mangé, perdu toute la dot de Ju-
» liette; ils avaient un superbe magasin
» de nouveautés qu'elle a été obligée de
» vendre; enfin il ne lui est resté de tout
» cela qu'un petit garçon. — C'est tou-
» jours ce qui reste des grandes infor-
» tunes! — Il est en pension... C'est-à-
» dire en demi-pension, derrière chez
» moi... vous savez, dans ma rue?—En-
» fin, que fait cette dame maintenant?
» — Rien... mais elle a l'intention de
» rentrer dans le commerce.—On ne vit
» pas avec des intentions. — Je pense
» qu'elle a encore quelque chose... et
» puis de grandes espérances... Ma foi...
» si je n'étais pas si jeune... elle m'aime

» tant !... je ne trouverai jamais une
» femme qui m'aime autant... je crois
» que je ferais bien de l'épouser. »

Je m'arrête devant Adolphe, et je le
regarde fixement en lui disant : « Vous
» êtes fou, mon cher ami ! — Parce que
» j'adore Juliette ?.. — Adorez-la, bon ;
» mais ne parlez pas d'épouser une
» femme que vous connaissez à peine !...
» qui vous a fait des histoires qui sont
» probablement de son invention... qui
» a peut-être eu déjà douze amans avant
» vous, et qui certainement en aura
» après... ou avec vous. »

Adolphe pince ses lèvres; il est fâché, et me répond d'un ton aigre :
« Monsieur, je ne sais pas pourquoi vous
» me dites du mal de madame Ulysse;
» elle ne le mérite pas, et d'ailleurs
» vous ne la connaissez pas; ainsi...

» — Eh, mon Dieu ! mon cher Adol-
» phe ! si vous m'appelez monsieur, je
» vois que vous ne m'écoutez plus...
» Aimez madame Ulysse, mon ami, soyez
» heureux avec elle, mais par grace ne
» pensez pas à l'épouser... Tenez, je
» gage qu'avant trois mois vous me di-
» rez que j'avais raison. — Je gage bien
» que non. — En attendant, allons nous
» coucher. Adieu, Adolphe.—Bon soir,
» monsieur Arthur. »

Il me quitte encore fâché.

CHAPITRE III.

LA PETITE PENSION.

Plusieurs jours se sont passés, et je n'ai pas revu Adolphe : sans doute, tout à ses nouvelles amours, il n'a plus un moment à donner à l'amitié ; je trouve cela tout naturel et je l'excuserais volontiers ; mais je crains qu'il ne commette quelque forte sottise. Madame Ulysse a tout ce qu'il faut pour le subjuguer : elle est jolie, coquette, je ne la crois pas sotte, et le cher Adolphe n'est pas un aigle, quoiqu'il ait la prétention de ne pas se laisser tromper. Je serais fâché que ce jeune homme fît de ces actions qu'il est difficile de réparer. J'ai de l'amitié pour lui ; je ne sais s'il me paie de retour ; mais je lui ai déjà été utile dans plus d'une occasion, et en amitié, comme en amour, je crois qu'on s'attache par le bien qu'on fait.

Je me rappelle ce qu'Adolphe m'a conté de sa Juliette ; de toute cette histoire, de ce mari pendu, il est resté un petit garçon de cinq ou six ans, qui est dans une petite pension qu'à la rigueur on pourrait appeler une école. Je me souviens de cette pension qui est dans a rue où demeure Adolphe; j'y allais voir autrefois le fils d'une dame que j'aimais beaucoup. Le maître de l'établissement me connaît. Il me prend envie d'aller lui rendre visite; je verrai en même temps le rejeton de madame Ulysse, et j'aurai peut-être quelques renseignemens sur sa mère. D'ailleurs il y a long-temps que je désire être encore témoin de l'heure de la récréation dans une pension d'enfans.

L'heure de la récréation!... Vous en souvient-il? Lorsque vous alliez au collége ou en *externat*, et n'était-ce pas le plus doux moment de votre jeunesse? Mais vous l'avez oublié peut-être; en avançant dans la vie on voit tant de choses! on oublie si vite! on est si empressé de secouer la poussière des écoles, que l'on perd trop tôt le souvenir de ces plaisirs, de ces amitiés, de ces jeux de l'enfance, et souvent aussi de son grec et de son latin.

D'ailleurs, on ne voit pas une action dans laquelle on est acteur; de sept à quinze ans, il est rare que l'on soit observateur : c'est un savoir qui s'acquiert au détriment de nos premières illusions, et il serait bien malheureux que des écoliers n'en eussent plus. Cela viendra peut-être!... Nous devenons si profonds, si positifs depuis quelque temps! Nous voyons des jeunes gens de dix-huit ans être dégoûtés de la vie, et se suicider en disant qu'ils ont tout approfondi, tout connu, et qu'il ne leur reste plus de jouissance nouvelle à éprouver !... Malheureux! qui ne savent pas ce que c'est que d'être père, et qui osent dire qu'ils n'ont plus de jouissances à connaître!

ils réussissent à ne plus même faire pitié!... Je ne désespère pas d'entendre quelque jour un bambin de cinq ans refuser de jouer à la toupie, en disant: *Qu'est-ce que cela prouve?* Pauvre clarté! triste lumière que celle qui s'acquiert aux dépens du bonheur!

Me voilà parti pour l'école. Que ne suis-je encore au temps où l'on me mettait sous le bras mon panier bien garni de pain, de fruits, de confitures, ce qui ne m'empêchait pas, d'une fenêtre de la classe qui donnait sur la rue, de descendre à des laitières une tasse suspendue à une ficelle, avec un sou au fond de la tasse pour prix du lait que je remontais en tirant la ficelle. Elles sont loin ces heures de gourmandise et d'insouciance!...

> Le temps qui fuit sur nos plaisirs,
> Semble s'arrêter sur nos peines!

La pension à laquelle je me rends est une de celles qui tiennent le milieu entre l'école et le collége; mais où les élèves sont souvent surveillés avec plus de soins, plus de zèle que dans de grands établissemens. Je traverse une cour étroite et mal entretenue, j'entre dans un petit jardin, si toutefois on peut appeler jardin un endroit où il n'y a que deux arbres; mais enfin le terrain n'est point pavé; on peut y tomber sur la tête sans craindre de se la fendre, donc c'est un jardin. Un petit escalier de bois, ressemblant beaucoup à celui d'un colombier, conduit à la pension qui se tient au premier. Tout cela n'est pas fait pour jeter de la poudre aux yeux, mais n'en tirez pas un mauvais augure; la modestie vaut mieux que la vanité.

Lorsque j'arrive, les écoliers travaillaient; le maître est à son bureau placé sur une estrade, d'où il domine sur toute la grande classe. (La seconde reste confiée aux soins d'un sous maître): le silence était fréquemment rompu par des bruits sourds, des éclats de rire, aussitôt réprimés par le: *silence, messieurs!* prononcés par le maître avec toute la gravité d'un huissier de la chambre. Mais les écoliers n'en tiennent point compte; bientôt ce sont de nouveaux cris, des plaintes, des ricanemens, et le maître de redire avec un flegme et une patience que j'admire :

« Messieurs, un peu de silence, s'il vous » plaît... Monsieur Charles on n'entend » que vous. — Monsieur, c'est Paul qui » me pince pour m'empêcher d'écrire. — » Monsieur, c'est lui qui me fait des gri- » maces pour me faire rire...

» — Monsieur Paul ira encore sur le
» petit banc, et sera en retenue pendant
» la récréation.—Mais, monsieur, c'est
» faux, je n'ai pas fait de grimaces...
» C'est que j'ai eu envie d'éternuer et
» je n'ai pas pu... — En voilà assez,
» silence! »

Comme on ne semble pas vouloir se rendre à ce rappel à l'ordre, le maître s'écrie : « si on ne se tait pas, je vais
» donner dix mauvais points à toute la
»classe ! »

Cette menace produit un grand effet : ces messieurs de six et huit ans se remettent à leur ouvrage sans murmurer : il me paraît qu'on a grand peur des mauvais points.

Je m'approche du maître, avec lequel je désire causer un instant, et qui ne doit pas être fâché qu'on vienne l'arracher un moment à ses devoirs scolastiques. Il faut être doué d'une grande patience pour diriger une pension; moi, qui aime beaucoup les enfans, je n'aurais pas le courage de tenir pendant une journée la place de leur maître; et je remarque que presque tous ces gamins se moquent de leurs instituteurs, dès qu'il a le dos tourné ; j'entends des bambins de neuf ans appeler *méchant cuistre* celui qui cherche à les instruire. Si c'est ainsi que la jeunesse marche, j'aimerais mieux qu'elle fût stationnaire.

« Vous avez un petit garçon de six
» ans environ, fils d'une madame
» Ulysse? » dis-je au maître, pendant qu'il agite sa sonnette, pour obtenir du silence.

« — Madame Ulysse?... ah! oui... j'ai
» son fils depuis six mois; mais je n'ai pas

» encore vu de son argent ; je ne sais pas
» trop ce que c'est que cette dame-là...
» hum!... Tournure bien dégagée...
» elle parle de tout!... elle a quelque
» instruction.... *Muliebris animus.* Mais
» je ne lui crois point une grande recti-
» tude dans le jugement... Silence donc,
» messieurs. Ne m'a-t-elle point proposé
» de me faire des exemples pour mes
» élèves! — Elle a donc une belle écri-
» ture? — Ce n'est point cela ; elle enten-
» dait par *exemples* de petites histoires
» très-morales, très-édifiantes qui de-
» vaient les détourner de tous penchans
» vicieux. Moi j'avais envie de lui répon-
» dre : Madame, avant de me faire des
» contes moraux, vous devriez bien rac-
» commoder le pantalon de votre fils!...
» pauvre petit! c'est le plus sale de ma
» classe; on voit sa chemise... on voit...

» une infinité de choses!... Mais je n'ai
» point osé faire cette réflexion à la mère :
» *non erat hic locus!* je me suis contenté
» de signifier au petit Oscar... — Il se
» nomme Oscar? — Oui, il est dans la
» petite classe; je lui ai signifié qu'il
» eût à faire raccommoder sa culotte,
» sans quoi je ne l'admettrais plus dans
» mon pensionnat... Silence donc, mes-
» sieurs! D'un autre côté, c'est fort em-
» barrassant, car je ne veux pas renvoyer
» l'enfant sans être payé des six mois
» qui me sont dus. Ah! les petits drôles,
» quel train ils font aujourd'hui, je vais
» leur sonner la récréation afin d'être
» plus libre. »

Le maître annonce la récréation. Aussitôt tous ces petits garçons se lèvent, se poussent, se pressent et parlent à la fois.

C'est un bruit auquel il faut être fait

pour que les oreilles n'en saignent pas. Le chef de l'établissement me propose de descendre au jardin pour y causer plus à notre aise ; car, je ne sais par quel motif le jardin était ce jour-là défendu aux élèves ; mais je commence à m'accoutumer au bruit, et depuis long-temps je ne le suis plus au tableau d'une joie franche et pure ; je témoigne au maître le désir de rester spectateur de la récréation : il y consent volontiers en me demandant la permission de s'absenter, car ce qui est pour moi un plaisir n'est plus pour lui qu'une sujétion.

Me voilà donc au milieu d'une soixantaine d'élèves, dont le plus jeune peut avoir trois ans et l'aîné tout au plus treize, car pendant la récréation ce que l'on appelle la grande classe est réuni à la petite. J'examine ces petites têtes blondes, brunes, roses, pâles, jolies, laides, mais presque toutes expressives en ce moment où le plaisir anime leur physionomie.

Des groupes se forment ; des parties s'engagent : d'abord chaque élève a été visiter son panier, car l'heure de la récréation est aussi celle du déjeuner. Je vois un grand dadais tirer avec orgueil de son panier une cuisse de volaille et deux poires, tandis qu'un pauvre petit garçon n'a trouvé dans le sien que du pain sec. Ici, ce sont des tartines couvertes de beurre, de confitures ; là ce sont des pommes, du jambon ; mais pour tous c'est le même appétit. Cependant je remarque que quelques-uns rôdent autour de celui dont le déjeuner est le plus succulent ; alors on se propose des échanges.

« Francis, donne-moi de ce que t'as,
» je te donnerai de ce que j'ai... —
» Qu'est-ce que t'as, toi?—Des pommes
» cuites joliment sucrées va!—Ah! ben,
» c'est ça, je vais lui donner de mes
» confitures pour ses pommes... pas si
» bête!..—Et les fois que j'avais de la
» bonne graisse dans une tasse, je t'en ai
» bien donné, moi!—Tiens! C'était pas
» le Pérou, ta graisse...—Voyons, veux-
» tu mêler?—Non.—Une fois, deux
» fois?...—Je te dis non!—C'est bon, ne
» viens plus m'emprunter mon bilboquet
» alors, je ne te prêterai plus rien! »

Pendant ce colloque, plusieurs élèves ont donné chacun un sou à l'un des grands qui part, et revient bientôt avec une feuille de papier couverte de pommes de terre frites : c'est un mets en grande faveur dans les pensions : celui qui s'est chargé de la commission fait aussi la répartition, mais bientôt des plaintes s'élèvent.

« Fissart en a plus que moi... j'ai pas
» ma part..—Si, t'as ta part.—Non... il
» en a plus, lui... d'ailleurs comptons,
» je veux compter, moi... vois-tu, j'en
» ai que dix-neuf et il en a vingt-trois?—
» Mais les tiennes sont bien plus grosses.
» —C'est pas vrai!—Tu nous ennuies!
» fait-il du train pour quatre méchantes
» pommes de terre!... tenez, il va pleu-
» rer.—C'est que c'est pas juste, on me
» fait toujours des *traîtrises*... Comme
» l'autre jour pour la mélasse... C'est
» toujours les autres qui lèchent le papier
» et jamais moi... hi! hi! hi! »

Pendant que l'écolier lésé va pleurer dans un coin, des cris partent d'un autre partie de la classe : c'est un élève qui n'a rien trouvé dans son panier, il bouscule tous les autres en s'écriant :

« J'avais du fromage à la crême étalé » sur mon pain... On m'a pris mes tarti- » nes, on m'a volé mon déjeuner; je vais » le dire à monsieur. — Il dit toujours » qu'on lui prend quelque chose, celui- » là! »

Pendant quelques momens, ce ne sont que réclamations et menaces; mais le premier appétit satisfait, on ne songe plus qu'à jouer. Il n'y a pas moyen de s'exercer aux barres, ni au chat, puisqu'on est restreint à la classe, on s'en dédommage par le cheval fondu, la main chaude, cache-tampon. J'aperçois beaucoup d'élèves rassemblés autour d'un petit garçon d'une douzaine d'années, à la figure fine et spirituelle, qui semble pérorer et dominer sur ses camarades. Dans toutes les réunions, il y a un homme au-dessus des autres, qui, dès qu'il le voudra, saura par son esprit et son éloquence se mettre à la place que la nature lui a destinée, et diriger les volontés des autres de manière à ce qu'on fasse toujours la sienne. Il en est de même chez les enfans. Celui que l'on entourait était le grand génie de la classe ; on l'écoutait avec respect, on riait de ses moindres plaisanteries, on le pressait de raconter des histoires. Ce monsieur se faisait prier quelquefois, mais quand il daignait se rendre aux désirs de ses camarades, il ne fallait pas qu'on eût l'air de douter de ce qu'il disait.

Au moment où je m'approche, tous les petits garçons faisaient des yeux étonnés et avaient la bouche béante, car le jeune narrateur qui avait été au spectacle la veille, leur conte les merveilles du *Festin de Balthazar.*

« Figurez-vous... non; c'est pas ça, fi-
» gurez-vous un roi qui a les cheveux
» très-noirs, une grande barbe, enfin l'air
» méchant... vous savez comme mon-
» sieur quand il vous donne de la férule:
» c'est le roi Balthazar; il n'aime pas les
» Juifs, je n'ai pas trop compris pour-
» quoi... mais enfin il ne peut pas les
» sentir ces pauvres Juifs. Voilà donc d'a-
» bord un beau palais qu'on voit au pre-
» mier acte, et le roi qui dort.

» —Est-ce pour de vrai, Paul?—Quoi
» de vrai?—Si le roi dort tout de bon?
» —Mais oui, puisque je te dis que j'ai
» vu ça hier à l'Ambigu-Comique... est-
» il bête de m'interrompre pour me dire
» ça!... Quinze-Onces, si tu dis encore
» quelque chose nous allons te rosser. »

Le petit bonhomme que l'on appelle Quinze-Onces, parce qu'il a douze ans et n'en parait pas sept, tire la langue à ses camarades et va se rouler à terre, en disant : « Tiens, ça m'ennuie, moi, son
» roi qui a de la barbe!... j'aime mieux
» faire la culbutte. »

Le jeune Paul reprend son récit :

« Je vous disais donc : le roi dort; il
» lui descend des nuages sur le nez...
» plein la chambre, ça veut dire que c'est
» un rêve; le roi fait un vilain rêve, car
» il se tortille sur son lit comme s'il avait
» la colique. C'est le premier acte.

» — Et le festin? — Attends donc! on
» voit ensuite une campagne... oh! la
» belle campagne!... Les Juifs viennent,
» ils ont l'air d'être en chemise... C'est un
» pays chaud apparemment. Le roi Bal-

» thazar arrive... en chemise aussi et
» avec un gros bâton, on se bat...

» — Pour de vrai?... — Veux-tu me
» laisser parler... si vous m'interrompez
» encore je ne conterai plus rien. On se
» bat, les Juifs sont rossés, ils chantent,
» et on s'en va.

» — Et le festin?

» — Attendez donc!... on voit le roi
» dans un palais encore plus beau. Bal-
» thazar arrive sur un char d'or massif...

» — De l'or vrai?... — Oui, de l'or
» vrai, j'en suis bien sûr puisqu'on disait
» auprès de moi que ce char-là avait coûté
» plus de cent écus! Ensuite ça change,
» et on voit la salle des bains avec un
» grand réservoir et un jet d'eau dans le
» milieu... et ce n'est pas de l'eau pour
» semblant; le petit Gérard qui connaît

» le fils du souffleur a monté sur le théâ-
» tre et en a bu !...

» — Est-elle bonne ?...

» Délicieuse !... il dit que c'est comme
» du coco.

» — Tiens ! j'aurais bien voulu me
» baigner dans le coco, moi !

» — Veux-tu te taire, Jules ! Alors il y
» a un petit garçon qui fait peur au roi et
» qui se cache... — Le roi ? — Non, le petit
» garçon. Enfin on voit le festin... une
» grande table en fer à cheval comme à
» la noce de ma cousine au Cadran-Bleu.
» Ils ont tous des cruches d'or devant-
» eux ; on chante, on boit, il fait de l'o-
» rage ; le tonnerre, en tombant, écrit
» quelque chose sur une porte. Le roi,
» qui ne sait pas lire apparemment, fait
» venir un jeune homme, qui est au

» moins en troisième et qui traduit cou-
» ramment. Puis il tombe un pétard sur
» le roi, il meurt, on voit le palais tout
» en feu violet... C'est magnifique!.. et
» voilà tout! »

Un murmure d'approbation accueille ce récit, le jeune Paul promène sur ses camarades des regards qui semblent dire : « Vous êtes bien heureux que je vous » aie conté ça! » Puis il rit d'un air moqueur, tire la langue à l'un, fait la grimace à l'autre, va donner un coup de poing à un troisième, celui-ci riposte, les deux écoliers luttent à qui se jettera par terre, mais sans animosité et toujours en riant; enfin l'un d'eux glisse, tombe, se fait une grosse bosse au front et se relève aussitôt en s'écriant : « Je ne me suis » pas fait mal ! »

Je laisse ces messieurs se rouler dans

la grande classe ; je me rappelle que je suis venu principalement pour voir le fils de madame Ulysse. Je l'avais oublié!... Le tableau que j'avais sous les yeux me reportait au temps où j'étais écolier moi-même! Le présent avait fui, le passé seul m'occupait.

J'entre dans la seconde classe, qui n'est séparée de la première que par un vitrage. J'aperçois dans un coin un tout petit garçon qui ne joue pas avec les autres, et tient à sa main une tartine bien légèrement couverte de beurre, à laquelle il n'a pas touché ; je m'approche de cet enfant, dont la figure a déjà quelque chose de mélancolique. J'éprouve de la peine à voir de la tristesse sur ses traits si jeunes, qui ne devraient respirer que le plaisir ; car j'aime beaucoup les enfans : j'avoue que je les préfère aux hommes; il y a des personnes qui aiment mieux les chiens.

En considérant ce petit garçon, je pense que ce pourrait bien être celui que je désirais voir. Le maître n'a pas chargé le portrait en disant que c'était l'élève le plus sale de sa classe. Le pauvre enfant a un pantalon déchiré à plusieurs endroits, une veste trouée aux coudes, et à laquelle il n'y a plus de boutons pour se fermer, et tout cela plein de taches, en loques... Ah, madame Ulysse!... en regardant les vêtemens qui couvrent à peine votre fils, je ne vous trouve plus si jolie!... et vous voulez faire des contes pour l'éducation des enfans!... Je commence à croire que votre mari a bien pu se pendre... si toutefois vous avez eu un mari.

« Pourquoi ne jouez-vous pas, mon

» ami? » dis-je en m'arrêtant devant le petit garçon.

Il lève les yeux sur moi, fait une petite mine, moitié triste, moitié honteuse, et balbutie en me montrant ses camarades : « Ils ne veulent pas jouer avec moi... ils » disent que je suis trop sale... ils m'ap- » pellent déguenillé... »

Pauvre enfant! déjà essuyer le mépris de ceux qui l'entourent, déjà éprouver des humiliations!... et ces autres petits hommes de cinq et six ans qui ont de l'orgueil, de la fierté; qui attachent déjà de l'importance à une veste, à un pantalon!... Je le répète, nous naissons avec nos défauts; je commence à croire au système des bosses.

« Vous vous nommez Oscar, n'est-ce pas, mon petit ami? — Oui, monsieur. » — Et votre maman s'appelle madame » Ulysse? — Oui, monsieur. — Et...

» vous aime-t-elle bien, votre maman?
» — Oh!... oui... quand je suis bien
» sage. — Est-ce que vous n'êtes pas tou-
» jours sage? — Dame, c'est qu'à la
» maison maman ne veut jamais que je
» remue, parce que ça fait du bruit...
» Quand je remue par hasard, elle me
» tape, et puis elle me dit : Oh! que
» tu es vilain! tu ressembleras à ton
» papa!... Je te prendrai en grippe!...»

Il me paraît que le souvenir du pendu n'est pas agréable à sa veuve! Voilà un enfant qui est bien heureux!... chez lui il ne peut pas remuer, jouer, sous peine d'être tapé; et ici ses camarades le repoussent et ne veulent pas l'admettre à leurs jeux.

Comment faire pour forcer ces petits drôles à regarder le petit Oscar comme leur égal?

Je me grattais l'oreille,... je me sentais

aussi embarrassé que pour trouver un joli dénoûment de comédie, et cependant j'étais bien résolu à ne point m'en aller sans avoir mis le pauvre enfant dans une autre position vis-à-vis de ses camarades.

Tout à coup, en me regardant, je m'aperçois que j'ai pour boutons de chemise deux petits ronds d'or émaillé de peu de valeur, mais assez jolis; je les détache d'après moi, et je les mets au gilet du petit Oscar, que je boutonne avec cela, en ayant soin de lui dire bien haut :

« Tenez, mon ami; votre mère n'a
» pas encore eu le temps de vous faire
» faire une autre veste et un pantalon;
» mais voici des boutons d'or qu'elle
» vous envoie pour fermer votre gilet. »

Le petit garçon se laisse faire sans

rien dire. Déjà les élèves s'étaient arrêtés autour de nous; ils regardaient d'un air surpris, et je les entendais murmurer entre eux : « Oh! les beaux boutons!... » c'est plus fin que de l'or!... »

J'embrasse l'enfant et je m'éloigne; mais avant de descendre je me retourne pour regarder dans la petite classe... J'ai réussi; les boutons ont fait leur effet : le petit Oscar joue avec ses camarades; il prend sa part de la récréation.

CHAPITRE IV.

UN CONTE MORAL.

Il y a quinze jours au moins que je n'ai vu Clémence, et cela me donne de l'humeur. Dans cet intervalle elle m'a écrit une seule fois... On l'observe sans cesse, me dit-elle ; est-ce vrai ?... Je doute toujours... je doute trop peut-être!

Je suis allé deux fois chez Adolphe depuis ma visite à la pension. Il est toujours sorti. La portière a soin d'ajouter en souriant : « Il est z'en course avec la » dame de son carré. »

Il me paraît qu'on n'emmène pas l'enfant, car j'aperçois le petit Oscar, jouant dans la cour et toujours dans le même négligé ; mais il n'a plus les boutons que je lui avais donnés, on les lui a ôtés ; il est certain que cela jurait avec son costume.

Ma foi, que M. Adolphe promène madame Ulysse, qu'il mange avec elle la pension que lui font ses parens, il est libre... Après tout, je ne suis pas son tuteur. Mais je sais qu'on ne lui accorde que cent cinquante francs par mois, et il me semble qu'avec cela il ne peut pas mener tous les jours sa belle au spectacle ou chez le restaurateur; il fait des dettes: c'est probable! Patience ; lorsqu'il sera dans l'embarras, il viendra me trouver.

Cela ne tarde pas. Un matin je vois arriver Adolphe, l'air contraint, gauche, et m'abordant comme s'il craignait que je fusse fâché. Je le reçois aussi amicalement que de coutume, seulement je lui dis en souriant :

« Et les amours vont toujours bien ?...
» —Très-bien... Vous avez encore l'air
» de rire ; je ne sais pas pourquoi vous
» ne voulez pas que l'on m'aime. —
» Mon cher ami, je le désire beaucoup, au
» contraire; vous avez tout ce qu'il faut
» pour plaire, assurément !... mais je
» voudrais que madame Ulysse, tout en
» vous adorant, fît faire une veste et un
» pantalon à son fils. L'amour que vous

» lui inspirez ne devrait pas lui tourner
» la tête, au point de laisser ce pauvre
» enfant si mal vêtu. — Vous avez donc
» vu son fils? — J'ai eu ce plaisir-là...
» il n'est pas mal ce petit bonhomme,
» pour le fils d'un pendu !.... ah !
» ah !... »

Adolphe se lève avec humeur, je l'arrête : « Allons, ne vous fâchez pas...
» vous savez bien que j'aime à plaisan-
» ter ; mais, dans le fond, je suis votre
» ami.... beaucoup plus peut-être que
» vous ne le pensez. — Oh ! je vous crois.
» — Voyons.... qu'avez-vous à me de-
» mander ce matin ?... Je gage que vous
» êtes venu pour quelque chose... vous
» allez, vous tournez... allons, mon ami,
» venez au but : vous avez besoin d'ar-
» gent? — C'est vrai... j'ai dépensé un
» peu vite ma pension... j'ai voulu pro-

» curer quelque agrément à Juliette...
» qui, du reste, ne me propose jamais
» de dépenser de l'argent!... — Oh! les
» femmes ne nous proposent jamais cela,
» mais elles aiment beaucoup qu'on leur
» procure de l'agrément. Enfin? — En-
» fin... j'ai écrit à mon oncle... il est
» moins sévère que mon père; je lui ai
» dit que j'avais été forcé à des dépenses
» extraordinaires...il m'enverra de l'ar-
» gent; mais, en attendant sa réponse,
» si vous pouviez me prêter trois ou qua-
» tre cents francs... ça m'obligerait infi-
» niment. —Je vous les prêterai, je suis
» heureux de le pouvoir, mais je gage
» qu'avant de venir me trouver, vous
» avez emprunté à d'autres... hein... ré-
» pondez donc... —Ah!... le correspon-
» dant de mon père m'a avancé cent
» écus... puis... un ami de ce monsieur...

» avec qui je jouais au billard... — De
» M. Théodore ? — Oui.... un nommé
» Salomon m'a fait prêter cinq cents
» francs... c'est-à-dire, je n'en ai touché
» que trois cents... et j'ai eu pour cent
» vingt francs de kirchwasser... et puis
» les intérêts... — Ah! mon cher Adol-
» phe, où vous êtes-vous fourré !.. n'em-
» pruntez jamais à des juifs qui vous
» grugeront !... Je vous répète que ce
» M. Théodore est un fort mauvais sujet;
» il n'a pas même pu rester à la roulette ;
» il s'est fait renvoyer, à ce qu'on m'a
» appris dernièrement. — Ce n'est pas
» cela, c'est lui qui a voulu quitter,
» parce que cela lui répugnait d'être
» employé dans les jeux ; et que d'ail-
» leurs, il va faire de très-bonnes entre-
» prises. — Et que diable avez-vous pu
» faire de cent vingt francs de kirchwas-

» ser?—Dame... nous en avons bu un petit
» peu avec Juliette... elle s'en sert pour
» accommoder bien des choses ; elle m'a
» fait manger des omelettes au kirch!
» c'est délicieux !... Et puis elle en verse
» cinq à six gouttes sur le pain de son
» fils avant de l'envoyer à l'école, et elle
» dit que c'est étonnant comme ça le
» fortifie.

» Ah, mon Dieu!... qu'il se passe de
» drôles de choses à Paris !... une mère
» qui n'habille pas son fils et qui le met
» au kirchwasser, parce que son amant
» n'a plus que cela à lui donner!...
» Mais ce n'est pas le moment de vous
» faire de la morale. Tenez, mon cher
» Adolphe, voilà quatre cents francs ;
» vous me les rendrez quand votre fa-
» mille vous enverra de l'argent ; que
» ceci ne vous inquiète nullement. Si

» j'osais vous donner un avis, je vous
» dirais : Cessez pendant quelques jours
» de procurer de l'agrément à madame
» Ulysse, et vous verrez si elle vous té-
» moigne toujours autant d'attachement.
» — Je vous assure que je vais garder
» cet argent pour moi... pour mes dé-
» penses courantes, en attendant la ré-
» ponse de mon oncle. Juliette ne me
» demande jamais rien ; d'ailleurs, elle
» va avoir aussi des fonds à toucher...
» Vous saurez qu'elle écrit ; elle m'avait
» défendu de vous le dire... mais c'est
» entre nous ; oui, elle est auteur... oh !
» elle est pétrie d'esprit ; elle fait des
» contes moraux pour l'éducation de la
» jeunesse.—Ah! elle fait des contes mo-
» raux ? — Oui, et on doit les lui acheter
» très-cher... Elle m'en a lu un derniè-
» rement : oh! c'est bien joli... bien

» touchant!... dans le genre d'*Auguste*
» *La Fontaine* : deux frères, l'un pas-
» teur, l'autre militaire, une jeune fille
» bien sage qui fait un enfant, et un
» vaurien de garçon qui se trouve être
» un très-bon sujet. Mais je vous les don-
» nerai dès qu'ils seront imprimés. Une
» femme auteur!... je raffolle des femmes
» auteurs!... Je vous quitte, mais je
» viendrai vous voir ces jours-ci....
» Voulez-vous que je vous envoie quel-
» ques bouteilles de kirch? — Merci,
» mon ami, je ne l'aime pas. Adolphe,
» je ne vous demande qu'une chose : ne
» fréquentez pas M. Théodore, n'em-
» pruntez plus à son ami Salomon, et
» payez-le dès que votre oncle vous en-
» verra des fonds. — C'est bien ce que
» je compte faire. Au revoir, mon cher
» Arthur. »

Il est parti, heureux comme on l'est à vingt-deux ans, lorsqu'on a toutes les illusions du cœur, et de l'argent en poche ; je me reproche quelquefois de chercher à le rendre plus clairvoyant, mais il n'est pas millionnaire, et il arrive un temps où l'on revient au positif.

Il n'y a pas un quart d'heure qu'Adolphe est parti lorsqu'on sonne chez moi. Je cours ouvrir (car je n'ai pour domestique que ma portière : ne tenant point de ménage chez moi cela me suffit). J'espérais que c'était Clémence; lorsque j'ai été long-temps sans la voir, je l'attends toujours, et, chaque fois que l'on sonne, j'éprouve un mouvement de joie.

Je suis encore trompé dans mon attente. C'est un monsieur que je ne connais pas, assez bien couvert, déjà sur le retour, l'air grave, le teint bilieux, la parole lente; il tient sous son bras un énorme rouleau de papier.

Je crois deviner ce qui m'arrive : de ces visites dont les auteurs un peu connus sont accablés, des gens qui viennent vous offrir de travailler avec vous; qui ont la tête remplie de sujets dramatiques, et auxquels il n'a manqué que le temps pour faire des chefs-d'œuvre. Quelques-uns même n'ont pas eu celui d'apprendre à parler français; on s'en aperçoit en les écoutant.

J'ai deviné juste; le monsieur qui a sonné, après m'avoir demandé s'il a l'avantage de parler à M. Arthur, me pousse presque vers mon cabinet, en ne répondant que par des saluts aux questions que je lui adresse; je vois que l'on veut me tenir quelque temps, et je n'ai jamais été plus mal disposé pour écouter quelqu'un que je ne connais pas.

Nous sommes arrivés dans mon cabinet, moi, en marchant à reculons, ce monsieur en avançant à pas comptés, et me gratifiant d'une inclination de tête à chaque pas :

« Monsieur, puis-je savoir ce que vous
» désirez de moi?... — Monsieur, je suis
» homme de lettres... — Donnez-vous
» la peine de vous asseoir. — Volontiers.
» Monsieur, il y a bien long-temps que
» j'ai envie de faire votre connaissance;
» mais il ne suffisait pas que je le vou-
» lusse, il fallait que je le pusse, et,
» comme vous savez, dans le monde, on
» n'est pas toujours maître de son temps...
» — C'est très-vrai, monsieur; j'ai moi-
» même un rendez-vous pour ce matin...
» et je serai obligé... — Cela m'arrange,

» car je suis aussi très-pressé. Monsieur,
» il faut que je vous dise que j'ai fait
» plus de soixante pièces de théâtre. —
» Ont-elles été jouées?... — Non, mon-
» sieur, pas encore... Ce n'est pas que
» je ne désirasse qu'elles le fussent...
» mais, pour cela... vous savez... un
» débutant a besoin d'aides... de con-
» seils, quoique mes ouvrages soient fort
» bien... enfin, monsieur, comme votre
» genre de travail me va beaucoup, je
» me suis dit : Il faudrait que je visse
» M. Arthur, et lui proposasse d'être
» mon collaborateur. — Monsieur, je
» vous remercie de votre confiance, mais
» il m'est impossible d'y répondre. J'ai
» trop d'occupation en ce moment pour
» en accepter de nouvelles... — Ah!
» vous ne voulez pas... après tout, cela
» m'arrange mieux; je crois, au fait, qu'il

» faut travailler seul : on met son cachet
» sur ce qu'on fait. Malgré cela, il
» faudrait que je vous lusse un petit
» drame en dix tableaux, sur lequel je
» vous demanderais vos avis. — Je ne
» puis vous écouter aujourd'hui, mon-
» sieur; on m'attend, et je devrais déjà
» être parti. — Eh bien ! cela m'arran-
» gerait moi-même davantage de vous
» laisser mon manuscrit pour que vous
» le lussiez à votre aise et que vous écri-
» vissiez, s'il vous plaît, vos remarques
» à la marge... — Non, monsieur, veuil-
» lez remporter votre manuscrit, je me
» suis fait une loi de n'en plus recevoir;
» on peut avoir une idée qui se trouve
» dans le manuscrit qu'on nous a laissé,
» et alors la personne à laquelle il ap-
» partient pense que nous avons fait
» notre profit de son ouvrage: c'est ce

» qu'on évite en n'acceptant aucun ma-
» nuscrit. — Ce que vous dites est par-
» faitement juste, cela m'arrange autant;
» je vais aller sur-le-champ demander
» lecture à un grand théâtre ; mais j'ai
» aussi un vaudeville fort intéressant...
» il n'y manque que des couplets, et le
» dénoûment. Avant que je le termi-
» nasse, si vous vouliez en faire un ro-
» man...je vous en ferais cadeau, pourvu
» que vous me donnassiez seulement
» une douzaine d'exemplaires. — Mon-
» sieur, votre proposition ne m'arrange
» pas du tout. Je n'ai pas pour habitude
» de me servir de l'esprit des autres : la
» société me fournit assez de ridicules,
» assez d'originaux : c'est là que je veux
» prendre toujours mes sujets. Je ne
» sais si ma méthode est bonne, mais je
» puis vous assurer que je n'en change-
» rai pas.

» Oui... au fait... je comprends...
» chacun son genre... moi, j'ai le mien
» aussi, oh! je suis sûr que j'ai le mien!...
» mais il faudrait que je le trouvasse.
» Ah! j'ai aussi un mélodrame fort cu-
» rieux, qui est presque fini... le sujet
» est superbe!... c'est le chaos!... Le
» chaos!... vous jugez tout ce qu'on peut
» faire avec cela... il n'y a qu'à prendre...
» — Pardon, monsieur, mais on m'at-
» tend, et je ne puis... — Ah! vous avez
» affaire... cela m'arrange. J'ai affaire
» aussi, je reviendrai une autre fois vous
» apporter mon chaos... — Oui, mon-
» sieur, une autre fois. — Dans quel
» quartier allâtes-vous?... que nous
» puissions jaser en chemin. »

Pour le coup, je n'y tiens plus, je n'ai jamais rencontré d'homme aussi tenace; je lui réponds fort sèchement que je ne vais pas de son côté, et, le poussant à mon tour vers la porte, je feins de le suivre, et la lui referme sur le dos pendant qu'il murmure que cela l'arrange mieux d'aller seul.

Voilà un homme qui va m'en vouloir, me trouver impoli, parce que je n'ai pas consenti à passer une demi-journée à l'écouter ; et ces gens-là ne veulent pas comprendre qu'en les écoutant tous, nous ne ferions jamais rien !

Ma portière me remet une lettre... j'ai cru encore que c'était d'elle... non... ce n'est pas son écriture... je ne connais pas celle de ce billet. Voyons.

« *Une dame qui ne vous est pas entiè-*
» *rement inconnue, demande à M. Arthur*
» *un moment d'audience demain matin,*
» *on espère qu'il sera seul. J'ai l'honneur*
» *de vous saluer.* »

Drôle de style!... mais c'est une femme!... il y en a qui écrivent fort mal et qui s'expriment très-bien, d'autres qui font tout le contraire. On espère que je serai seul... voilà qui semble annoncer une aventure piquante... on a donc des confidences à me faire... C'est peut-être aussi quelque manuscrit qu'on veut me lire... mais une femme... je l'écouterai toujours. Voilà de la partialité, me direz-vous: il est bien naturel d'en avoir pour les dames.

Ah! malgré cela, j'aurais préféré que ce billet fût de Clémence, et m'indiquât un rendez-vous; mais elle m'écrit à peine, elle ne vient plus... elle ne m'aime plus, je le vois!... je suis bien bon de penser encore à elle. Nous verrons cette dame de demain, qui désire me trouver seul. Elle sera peut-être jolie, et, ma foi, alors!... Mais, vous verrez qu'elle sera vieille et laide; je suis en malheur depuis quelque temps.

Le lendemain est venu, dix heures ont sonné, et personne ne s'est présenté que ma respectable portière à laquelle je demande comment était la personne qui lui a apporté la lettre qu'elle m'a remise la veille ; mais c'est un petit commissionnaire qui en était chargé : cela ne peut me mettre sur la voie. A onze heures je suis tenté de ne plus attendre, lorsqu'on sonne bien doucement. A coup sûr c'est ma dame au billet.

Je vais ouvrir... c'est une jeune femme... mise assez élégamment... d'une figure agréable... elle me sourit en disant :

« Monsieur Arthur ne me reconnaît » peut-être pas ? — Ah! je cherchais...

» pardon, madame... C'est vous que j'ai
» vue au spectacle avec Adolphe Dési-
» gny... Juliette... je veux dire madame
» Ulysse... — Oui, monsieur, c'est moi-
» même... C'est bien hardi à moi de me
» présenter chez vous... et surtout d'a-
» voir demandé... à vous trouver seul...
» —Pourquoi donc?... mais entrez je
» vous en prie... »

Je la fais entrer, asseoir... elle affecte beaucoup de timidité, mais cela ne va pas à sa physionomie, et je remarque que ses yeux ont sur-le-champ parcouru toute ma chambre à coucher.

« Monsieur... je dois d'abord com-
» mencer par vous dire que je viens à
» l'insu d'Adolphe : c'est pour cela que
» je voulais vous trouver seul. Adolphe
» aurait pu juger ma démarche incon-
» venante... j'ai mieux aimé qu'il ne la

» connût pas... d'ailleurs vous savez...
» que les femmes aiment assez à ne pas
» dire tout ce qu'elles font... lors même
» qu'elles ne font aucun mal... — Avec
» moi, madame, les femmes ont toujours
» raison... — Ensuite Adolphe est un
» peu... je ne veux pas dire bête, mais
» un peu neuf pour certaines choses...
» c'est-à-dire... mon Dieu... je ne sais
» pas comment m'exprimer... je suis
» tout embarrassée pour parler devant
» vous. — Ah! madame, est-ce que je
» vous ferais peur?—Ce n'est pas cela...»

Elle baisse les yeux et sourit, je me rapproche d'elle et lui prends la main que je serre assez tendrement, mais seulement pour la rassurer.

« Vous ne direz pas à Adolphe que je
» suis venue, n'est-ce pas, monsieur?
» — Je n'en dirai rien, puisque vous le

» désirez... — Maintenant je vais vous
» apprendre pourquoi je voulais vous
» voir. Mais... vous allez vous moquer
» de moi, je gage!...— Je ne me moque
» jamais des dames. — Oh! vous n'osez
» pas!...—Ce sont elles qui se moquent
» de moi. — Vous ne le croyez pas! —
» Je m'y attends toujours.—Enfin, mon-
» sieur... car il faut bien que j'avoue ma
» folie... j'ai osé... écrire des contes...
» Cela vous étonne, n'est-ce pas, mon-
» sieur? » J'avoue qu'en me rappelant
le style de son billet, je me demande
pour qui elle peut écrire des contes;
mais j'aime à croire qu'elle se sauve par
l'imagination, et je lui réponds : « Les
» femmes... font fort bien des contes,
» quand elles veulent s'en donner la
» peine! toutes ne les font pas imprimer,
» à la vérité ; mais lorsqu'ils sont inté-

» ressans, je ne vois pas ce qui peut les
» en empêcher. — Oh! monsieur... vous
» m'encouragez... j'avais si peur que
» vous ne me trouvassiez ridicule... pour-
» tant il y a tant de femmes qui écrivent
» à présent!... — Oui, cela finira par
» faire partie de l'éducation comme le
» piano. Et de quel genre sont vos contes?
» — Oh! du genre moral... très-moral
» même... Cela vous fait sourire? — C'est
» qu'il me semble toujours drôle d'en-
» tendre écrire ce qu'on n'inspire pas...
» — Comment! monsieur... est-ce que
» vous ne me croyez pas susceptible d'a-
» voir de bonnes pensées? — Au con-
» traire... — Monsieur... ce n'est pas
» tout... et c'est maintenant que je vais
» abuser de votre complaisance. »

Madame Ulysse tire de son sac un rouleau de papier bien joliment noué avec un ruban rose; je pense qu'elle va me lire ses contes, et je suis résigné; j'ai vu avec plaisir que le rouleau est très-mince, mais elle se contente de me le présenter.

« Monsieur... voici mon manuscrit...
» — C'est un de vos contes? — Tous,
» monsieur, il y en a cinq là-dedans. —
» Cinq!.. ils sont donc bien courts?—Oh!
» je vous assure qu'ils sont assez longs;
» mais je pense qu'il en faudrait encore un
» pour fiinr le volume. Je cherche le su-
» jet... j'ai bien une idée... oh! une idée
» sublime sur l'amour maternel...—Vous
» êtes mère, je crois, madame?—Oui,
» monsieur; j'ai un fils que j'adore et qui
» fait mon bonheur, je lui consacre tous
» les momens que j'ai de libres. »

Je me pince les lèvres; madame Ulysse continue : « J'ai eu bien des malheurs,
» monsieur; ma vie est presque un ro-

» man : mariée de bonne heure à un
» homme que j'adorais, j'eus le désespoir
» de le perdre ; il se brûla la cervelle à
» la suite d'une banqueroute, qui nous
» ruinait. » Il me paraît que son mari
s'est tué de plusieurs façons... j'aime
mieux croire qu'il ne s'est pas tué du
tout. Madame Ulysse, après avoir porté
son mouchoir sur ses yeux et l'avoir tenu
obstinément ainsi pendant deux minutes,
reprend son récit, ou plutôt son conte :

« Mon époux me laissa seule au monde,
» avec un fils pour lequel je m'impose
» tous les sacrifices!.. »

Je suis tenté de dire : « Mais raccom-
» modez-lui donc son pantalon ! » Je n'en
fais rien pourtant, et madame Ulysse, qui
n'est plus du tout embarrassée pour parler, ne m'en laisse pas le temps.

« Savez-vous, monsieur, qu'une femme

» jeune et qu'on veut bien ne pas trou-
» ver... affreuse, est exposée dans Paris...
» à une foule d'aventures... on a si mau-
» vaise opinion de nous!...—Oh! on a
» tort. »

Tout en disant cela, madame Ulysse me regarde d'une certaine façon qui pourrait m'engager à risquer quelques tentatives pour m'assurer de sa vertu. J'aime mieux la croire sur parole. Elle soupire et continue :

« J'aurais pu entrer dans un magasin
» de modes, de nouveautés; mais je sais
» ce qu'on pense des femmes qui courent
» les magasins... et puis j'avais l'idée d'é-
» crire... c'était plus fort que moi!... je
» me suis dit : Pourquoi ne me ferais-je
» pas un nom comme ces dames qui écri-
» vent dans les journaux, dans les revues?
» il paraît tant de choses maintenant!..

» J'avais aussi l'idée de faire paraître un
» journal qui ne serait rédigé que par
» des femmes... oh! j'ai une foule de
» projets : en attendant que j'en exécute
» un, voulez-vous avoir la bonté de lire
» mes contes?..—Je lirai tout ce que vous
» voudrez. — Vous auriez la complai-
» sance de retoucher les phrases qui ne
»vous sembleraient pas bien tournées...
» n'est-ce pas? » Ceci me fait faire une
légère grimace : je pense que j'aurais
trop à retoucher.

« — Je ne vous promets pas cela...
» mais je soulignerai ce qui me paraîtra
» hasardé.—Ah! que vous êtes aimable,
» monsieur, on m'avait bien dit que vous
» étiez très-complaisant pour les dames,
» et c'est ce qui m'a donné le courage
» de venir vous importuner.

»—Une jolie femme n'importune ja-

» mais.—J'ai encore quelque chose à vous
» demander. Ce serait de m'aider à trou-
» ver le dénouement de mon sixième
» conte.—Il faudrait d'abord que j'en
» connusse le commencement. — Ah!
» c'est vrai; je ne vous l'ai pas conté...
» que je suis étourdie!... je pense à tant
» de choses... Monsieur, voici mon plan..
» que vous rectifierez je vous en prie :
» C'est une jeune mère... qui a un fils...
» ou deux jumeaux ce serait mieux peut-
» être...— Si on en mettait trois cela fe-
» rait encore plus d'effet...— Ah! si vous
» riez cela me fera perdre mes idées...
» nous disons donc une mère et deux
» jumeaux; le séducteur a abandonné
» la jeune femme... il lui a tout em-
» porté... vous allez voir comme ça de-
» vient moral... La jeune mère... »

Juliette en était là de son conte, lorsqu'on sonne chez moi; elle s'arrête et me regarde.

« C'est chez vous qu'on sonne?... —
» Oui.— Ah, mon Dieu! si c'était Adol-
» phe... —Ce serait bien possible. —Je
» ne veux pas qu'il me trouve ici... —
» Pourquoi?... nous lui dirons que nous
» cherchons un conte moral, et je suis
» bien certain qu'il ne trouvera pas cela
» mauvais. —Non, je ne veux pas qu'il
» me voie chez vous... j'ai mes raisons;
» n'ouvrez pas, c'est bien plus court. —
» Oh! il faut que j'ouvre... ce pourrait
» être quelqu'un que j'ai besoin de
» voir...—Alors je vais me cacher dans
» ce cabinet... si c'est Adolphe, je vous
» en prie, renvoyez-le bien vite... »

Sans attendre ma réponse, madame Ulysse entre dans mon cabinet qui fait suite à ma chambre à coucher, et en tire la porte sur elle. Singulière petite femme! elle agit chez moi comme si nous étions fort liés ensemble; et je n'ai pas la force de l'en empêcher...

Je vais ouvrir... c'est Clémence qui entre chez moi : sa vue me fait grand plaisir, et pourtant je me sens embarrassé comme si j'avais une sottise à me reprocher.

« C'est toi!...—Oui... me voilà enfin!..
» ah! j'avais bien peur que tu ne fusses
» sorti... tu as été bien long-temps à
» m'ouvrir, mon ami?— Ah! oui... je ne
» sais pas ce que je faisais... »

Tout en parlant, Clémence est entrée dans ma chambre à coucher; je la suis, indécis sur ce que je dois faire. Je ne voudrais pas que Juliette vît madame Moncarville; mais cependant je ne puis ni ne veux renvoyer Clémence et je ne peux pas non plus faire sortir Juliette, mon cabinet n'a pas d'autre porte que celle qui donne dans ma chambre à coucher.

Pendant que je songe à tout cela, Clémence a ôté ses gants, jeté sur un fauteuil son chapeau, son châle, et elle s'assied sur ma causeuse en s'écriant : « que
» je suis donc contente de te trouver...
» et seul... il y a un siècle que je ne t'ai
» vu... ah! je te jure que ce n'est pas ma
» faute... je n'ai pas cessé de penser à
» toi... eh bien!.. vous ne venez pas seu-
» lement m'embrasser?.. est-ce que ma
» visite vous contrarie?.. vous en atten-
» diez une autre peut-être?..—Oh! par
» exemple...—Mais si... vous avez quel-
» que chose bien certainement... Ar-
» thur, vous ne m'aimez plus? »

Je suis sur les épines, je voudrais serrer Clémence dans mes bras, la couvrir de baisers... mais cette autre qui est là... qui peut entendre! Je ne tiens pas à ménager Juliette, malgré cela, il y a de ces choses dont on ne veut donner le spectacle à personne.

Clémence me regarde, elle pâlit, ses yeux suivent tous mes mouvemens, son sein se soulève avec agitation... je me décide à lui dire la vérité, il me semble que c'est ce que j'ai de mieux à faire.

Je vais m'asseoir près de Clémence, je l'entoure de mes bras, elle me fixe avec une attention inquiète. J'ai soin de parler très-bas.

« Écoute, ma chère amie, je vais te
» dire la vérité...—Ah! il y a donc quel-
» que chose.... j'en étais sûre...—Avant
» que tu ne vinsses, il m'est arrivé une
» personne... pour me consulter sur un

» ouvrage... tiens, le voilà même l'ou-
» vrage, tu vois que je ne mens pas...
» ce sont des contes moraux...—Et cette
» personne... c'est une femme?... répon-
» dez donc, c'est une femme?... — Eh
» bien, oui, c'est une femme, il n'y a
» rien d'extraordinaire à cela!.. tu sais
» que les femmes écrivent beaucoup à
» présent...—Enfin cette femme... vous
» l'avez renvoyée j'espère...—Elle allait
» partir quand tu as sonné.... et ma
» foi... alors... craignant d'être vue... —
» elle est ici... Elle est cachée ici!.. dans
» votre cabinet, je parie...—Clémence,
» ne parle donc pas si haut...—Ah! elle
» est là... ah! c'est une femme qui vient
» vous consulter pour ses ouvrages, et
» vous la cachez chez vous quand on
» sonne... et vous pensez, monsieur,
» que je croirai de tels mensonges?... —

» Je te jure que c'est la vérité.—Si cette
» femme n'était pas votre maîtresse,
» quelle raison auriez-vous pour la faire
» cacher?...—Ne parle donc pas si haut...
» il est inutile qu'on t'entende... — Je
» veux parler haut... je veux crier... ah!
» vous craignez que cette dame ne m'en-
» tende... vous avez peur de la fâcher...
» quelle horreur!... moi, qui vous ai
» tout sacrifié... mon repos... ma répu-
» tation... qui vous aurais sacrifié ma
» vie...—Clémence, je te répète que dans
» tout ceci je suis très-innocent... si tu
» voulais m'entendre... te calmer...—
» Mais vous me supposez donc bien
» sotte... comment, cette femme ne vous
» est de rien... elle vient simplement
» pour vous consulter, et elle se cache
» quand il vous vient du monde!... mais,
» Arthur, vous voyez bien que cela n'a

» pas le sens commun... — Eh bien!...
» puisqu'il faut tout te dire... apprends
» que cette femme est la maîtresse d'Adol-
» phe... tu sais bien Adolphe Désigny, un
» de mes amis dont je t'ai parlé quelque-
» fois; elle est venue ici à son insu, et,
» quand tu as sonné, craignant que ce
» ne fût lui, elle s'est sauvée dans mon
» cabinet.... comme une folle, sans
» même réfléchir à ce qu'elle faisait. »

Clémence me regarde, en souriant avec ironie :

« Vraiment! monsieur, vous n'êtes pas
» heureux dans vos histoires!... à présent,
» cette femme est la maîtresse de votre
» ami, et elle vient vous voir en cachette
» de lui !... S'il n'y avait aucun mal dans
» votre liaison, pourquoi ce mystère...
» ces cachotteries?... Non, vous me trom-
» pez, celle qui est là-dedans est votre

» maîtresse... vous la preniez dans vos » bras quand je suis venue vous trou- » bler... ah! vous ne m'attendiez pas... » si vous aviez su que ce fût moi vous » ne m'auriez pas ouvert peut-être. »

Je ne réponds plus, car rien ne me blesse comme de n'être pas cru lorsque je dis vrai, et, ne pouvant donner d'autres preuves à Clémence, je m'assieds et prends le parti de me taire.

Mon silence augmente l'irritation de Clémence, elle marche à grands pas dans ma chambre, puis s'arrête devant la porte de mon cabinet en s'écriant: « Cette dame croit sans doute que vous » allez me renvoyer bien vite. Si je m'en » allais cela vous ferait grand plaisir, je » le conçois... mais je ne m'en irai pas » pourtant... je suis désolée de vous con- » trarier... je veux voir cette dame... je

» veux connaître celle qui vous consulte
» pour ses contes moraux... Ah! ah!
» ah! C'est tout-à-fait moral de venir
» consulter un jeune homme chez lui...
» de se cacher dans sa chambre... Il y a
» là le sujet d'un joli conte!... »

Clémence porte la main sur la clef qui est à la porte du cabinet... Je cours à elle et l'arrête, je m'efforce encore de la calmer.

« Clémence, que vas-tu faire?...Songe
» donc à quoi tu t'exposes en te mon-
» trant à cette dame... Ce n'est pas pour
» moi que je te prie : que m'importe
» que tu voies ou non la personne qui
» est là!.. Mais toi... qui as tant à ména-
» ger!... Réfléchis donc... n'ouvre pas
» cette porte. »

Mes instances, loin de la calmer, sem-blent redoubler son agitation! Cette femme, toujours si douce, si timide, si craintive, n'entend plus rien que la passion qui la tourmente.

Ah! elles sont toutes de même, incapables d'écouter la raison quand la jalousie les domine.

« Vous avez donc bien peur que je
» la voie!.. » reprend-elle en jetant sur moi des regards courroucés. « Ah!...
» je devine... cette dame... n'est sans
» doute pas en état de se montrer... et sa
» toilette... Eh bien! je lui servirai de
» femme de chambre! »

Cette dernière supposition me met à mon tour en colère, et, cessant de retenir le bras de Clémence, je vais me jeter dans un fauteuil en m'écriant : « Je
» vous en ai dit assez, faites ce que vous
» voudrez ! »

Je n'ai pas achevé ces mots que la porte est ouverte et Clémence s'écrie d'unton ironique :

« Venez donc, madame, il ne faut » pas vous cacher pour moi ! » Juliette paraît : L'air aussi tranquille que si elle sortait de sa chambre, elle sourit même et fait une belle révérence à Clémence. Mais à mesure qu'elle la regarde, je lis dans sa physionomie une expression de surprise et de contentement dont je ne puis me rendre compte.

En voyant Juliette dont la toilette n'a rien de chiffonné, Clémence est restée un moment interdite; cependant l'expression malicieuse avec laquelle madame Ulysse la salue lui rend bientôt toute sa colère, et puis Juliette est jolie et cela doit nécessairement augmenter son courroux, aussi ne répond-elle à son salut que par un regard méprisant.

Pendant que ces dames se toisent, se considèrent, je reste tranquillement assis dans mon fauteuil, déterminé à ne plus être que spectateur de ce qui se passera.

C'est Clémence qui rompt le silence la première ; elle voudrait paraître calme, mais sa voix trahit son agitation, et elle peut à peine balbutier : « Vous deviez
» vous ennuyer là-dedans, madame?...
» je ne veux pas vous retenir plus long-
» temps prisonnière.

» —Je ne m'étais pas cachée à cause de
» vous, madame, » répond Juliette avec un grand sang-froid, « monsieur vous
» avait dit vrai... vous avez eu bien tort
» de ne pas le croire.

» —Ah ! madame était venue... pour

» lire des contes moraux... et c'est un
» sujet que vous cherchiez là-dedans?...

» —Je l'ai trouvé madame, c'est une
» jeune fille qui n'avait rien ; un homme
» riche l'a épousée, lui a fait un sort
» brillant : il la comble de cadeaux, de
» parures; dans le monde on la croit
» sage, honnête!... et elle **a un amant**
» chez lequel elle vient en secret... voilà
» mon sujet, je crois qu'il aura beau-
» coup de succès. Sans adieu, monsieur
» Arthur, j'aurai le plaisir de vous re-
» voir. »

Juliette est partie, nous laissant attérés par ce qu'elle vient de dire. Clémence, pâle comme la mort, s'est laissé tomber sur une chaise en murmurant : « Je
» suis perdue!... cette femme me con-
» naît!...

» —Voilà ce que je craignais... voilà

» pourquoi je vous suppliais de ne pas
» vous montrer... vous auriez pu vous
» tenir un instant à l'écart pendant que
» j'aurais fait sortir cette femme... mais
» vous ne l'avez pas voulu...—Comme
» elle me regardait avec méchanceté!...
» —Songez que c'est vous qui l'avez
» raillée la première... peut-être ne vous
» connaît-elle pas et n'a-t-elle parlé ainsi
» que par supposition...—Oh!... tout
» se rapporte trop bien... une fille qui
» n'avait rien... un mari qui la comble
» de présens!... Oui, c'est bien moi!...
» ah! cette femme croit sans doute que
» je devrais me trouver bien heureuse
» parce que je puis avoir une toilette
» élégante, mais cette fortune... ces pa-
» rures... ai-je demandé cela?... le Ciel
» m'est témoin que ce n'est pas là ce que
» je désirais. Je ne voulais point épouser

» monsieur Moncarville, mes parens
» m'y ont forcée en me disant : il est ri-
» che, tu seras heureuse !... ah ! que ne
» donnerais-je pas pour habiter un gre-
» nier et y être libre ! Je travaillerais
» pour vivre, je ne porterais ni cache-
» mires, ni diamans, mais je pourrais
» dire partout que je vous aime et m'en
» faire gloire, au lieu d'être forcée à le
» cacher. »

Je me rapproche de Clémence, je veux la prendre dans mes bras, elle me repousse doucement en me disant :

« Mais vous ne m'aimez plus, vous!..
» vous avez une maîtresse... elle est jolie
» cette femme... plus jolie que moi...
» elle n'a pas l'air distingué par exem-
» ple... mais enfin elle vous plaît... ah!
» que m'importe ce qu'elle dira... ce

» qui m'arrivera!... je suis résignée à
» tout!...

» — Clémence, ne dis pas que je ne
» t'aime plus!... mon Dieu! si cela était
» pourquoi te tromperais-je?.. qui m'y
» obligerait? Je te répète que cette
» femme est la maîtresse d'Adolphe, que
» je ne lui ai jamais fait la cour...

. » — Oui, mais elle veut que vous la
» lui fassiez!...—C'est la première fois
» qu'elle venait chez moi...—Elle y re-
» viendra... elle vous a dit au revoir.

» — Je lui rendrai ses contes, je ne la
» reverrai plus, je te le promets! »

Une femme qui nous aime est facile
à persuader. Clémence finit par se jeter
dans mes bras, en s'écriant :

« Ah! j'aime mieux te croire... et
» dussé-je partager ton cœur avec une
» autre... je sens que j'y consentirais en-

» core plutôt que de n'être plus rien » pour toi. »

Nous passons une heure ensemble. Clémence a oublié ses craintes, j'ai dissipé sa jalousie; elle me quitte heureuse, et en me répétant : « Je te crois, désor- » mais je te croirai toujours... »

CHAPITRE V.

UNE SÉDUCTRICE.

J'ai dû tâcher de rassurer Clémence, mais je ne suis pas tranquille sur les suites de cette aventure. Si en effet Juliette sait qui est la personne qui est venue chez moi, ne peut-elle pas le dire... perdre Clémence de réputation...

cela serait affreux!... Quel intérêt aurait madame Ulysse pour se conduire si méchamment?... je ne sais, mais il y avait dans ses yeux une expression bien perfide!... Cependant je ne suis pas son amant... elle ne peut en vouloir à Clémence que pour quelques mots piquans... Ah! je donnerais tout au monde pour que cette rencontre n'eût pas eu lieu.

Il faut à présent que je tâche d'être agréable à Juliette, il faut que je la ménage dans le cas où elle saurait le nom de dame de Clémence. Que je la ménage!... Qui sait où cela m'entraînera; elle est jolie et... en vérité Clémence a eu grand tort d'ouvrir cette porte.

Lisons le manuscrit qu'elle m'a laissé... Si cela pouvait ne pas être trop mauvais, j'en serais enchanté! Avec quelques corrections cela pourrait s'imprimer peut-être, et en flattant l'amour-propre de l'auteur, en lui étant utile j'empêcherais la femme d'être indiscrète.

Je m'enfonce dans un fauteuil et j'ouvre le manuscrit. Ah! mon Dieu! quelle écriture!... Ça monte, ça descend... Allons du courage... premier conte : *Le vieux Polisson!* Singulier titre pour un conte moral!... Voyons toujours, ne nous montrons pas sévère pour un titre.

Je commence... je n'ai pas lu une demi-page, et voilà déjà trois fautes de français... C'est absolument le style de la lettre que j'ai reçue... Comment se fait-il qu'une femme qui parle assez bien, qui ne manque pas d'esprit, qui a même du trait dans la conversation ne puisse pas quelquefois écrire deux phrases qui aient le sens commun. J'aime à croire que c'est fort rare. Le sujet du conte est tout simplement un vieillard libertin qui séduit plusieurs filles, les abandonne, et finit par mourir d'un accès de goutte, et tout cela dicté comme un mémoire de cuisinière. J'achève non sans soupirer la lecture du *vieux Polisson*. Je veux lire le conte suivant... il n'y a pas moyen; on ne s'y reconnaît plus. Je jette avec colère le manuscrit dans la chambre; madame Ulysse fera ce qu'elle voudra; je ne lirai plus ses ouvrages... mais si je blesse son amour-propre et qu'elle parle pour se venger... il faudra trouver un autre moyen pour la bien disposer... ce moyen, je n'en vois qu'un... et le pauvre Adolphe, je ne voudrais pourtant pas lui jouer un tour pareil... Il est vrai que si ce n'est pas moi ce sera un autre.

Je suis sorti pour me distraire de toutes ces idées, je n'ai pas fait vingt pas sur le boulevart que j'aperçois Adolphe se promenant, bras dessus bras dessous, avec monsieur Théodore qui a entièrement coupé ses moustaches et même ses favoris, ce qui lui fait une tout autre figure, mais ne m'empêche pas de le reconnaître.

Adolphe s'aperçoit que je le fixe, il me salue, j'en fais autant et je passe sans m'arrêter. Mais bientôt je sens quelqu'un qui me prend le bras, c'est lui.

« Comme vous allez vite!... on ne peut
» pas vous parler!...— D'abord je ne
» voulais pas m'arrêter... je ne me sou-
» ciais pas de me promener en société de
» M. Théodore... quoiqu'il ait tâché de
» changer sa physionomie, il est trop
» reconnaissable.—Vous en voulez bien

» à ce jeune homme... je vous assure
» que c'est un très-bon garçon... tenez,
» il vient de me faire faire une spécula-
» tion très-avantageuse... il m'a fait
» prendre des actions dans une entre-
» prise infaillible... les actions vont bien-
» tôt doubler, tripler de prix, et j'aurai
» un bénéfice très-clair... Comme vous
» me regardez!...—Comment! Adolphe,
» c'est bien sérieusement que vous me
» parlez... vous êtes actionnaire dans
» une entreprise que fait M. Théo-
» dore?...—Mais oui...—Vous n'aviez
» pas d'argent... puisque vous m'en avez
» emprunté.—Je viens de recevoir quinze
» cents francs de mon oncle à l'instant
» même... je le disais à Théodore qui
» m'a tout de suite offert de prendre
» quinze actions dans son entreprise.
» Voilà ce que c'est : des *rivières porta-*

» *tives*, vous savez que tout le monde à
» Paris ne peut pas demeurer auprès de
» la rivière : c'est très-incommode pour
» les personnes qui aiment à nager; on
» est obligé d'aller aux bains, mais on ne
» peut pas nager dans une baignoire.
» Eh bien! Théodore a inventé un
» bassin, grand comme deux omnibus
» et recouvert en toile qu'il fera traîner
» par quatre chevaux dans tous les
» quartiers de Paris. Quinze personnes
» pourront y nager à l'aise et pour six
» sous on aura dans tout Paris l'agré-
» ment de la natation. Hein! que dites
» vous de cela? »

Je ne réponds rien. Je m'aperçois que mon ami Adolphe est véritablement bête, je lève les yeux au ciel et je continue de marcher.

« Est-ce que vous ne trouvez pas

» cette invention fort heureuse?..— Et
» en hiver promènerez-vous aussi votre
» bassin?—Pourquoi pas... dans les ge-
» lées il aura un autre but, il servira
» pour les patineurs; enfin il paraît que
» l'on goûte beaucoup le projet de Théo-
» dore, car on se dispute ses actions. Il
» m'a donné les quinze qui lui res-
» taient... Tenez, voilà... »

Adolphe me montre de petits coupons jaunes, signés Théodore, sur lesquels on a lithographié le bassin voyageur. Je hausse les épaules.

« Voulez-vous une ou deux actions?
» —Je ne donnerais pas un sou de vos
» quinze coupons.— Vous êtes peut-
» être mécontent que j'aie pris ces ac-
» tions avant de vous avoir remboursé,
» mais avec le bénéfice j'espère bien-
» tôt...— Adolphe, quand je vous ai
» prêté, je vous ai dit de ne point vous

» inquiéter de cette dette : ce dont je snis
» fâché, c'est de voir que vous êtes la
» dupe d'un escroc.— D'un escroc!..—
» Oui, c'est ainsi maintenant que je juge
» ce Théodore!—Oh! vous voilà encore
» persuadé qu'on veut m'attraper...
» quand ce n'est pas ma maîtresse ce sont
» mes amis...— En ce moment cela pour-
» rait bien être l'un et l'autre.—Il sem-
» ble que je sois un enfant qui ne sache
» pas se conduire!...—Faites ce que
» vous voudrez, mais alors ne venez pas
» me conter vos folies.—Je ne vous di-
» rai plus rien.—J'aime mieux cela. »

Nous nous quittons froidement, j'ai de l'humeur de voir ce jeune homme dupe d'un fripon, et je crois que sa Juliette le mènerait aussi grand train; mais il me tarde de revoir madame Ulysse... je suis persuadé qu'elle viendra demain matin.

En effet, le lendemain neuf heures viennent de sonner, je suis encore en robe de chambre, travaillant devant mon feu, lorsque ma portière m'avertit qu'une dame demande à me parler, je lui dis de la faire entrer et je vois paraître madame Ulysse.

Elle est mise avec encore plus de soin que la veille, un joli chapeau de velours noir posé fort coquettement donne beaucoup de piquant à sa physionomie; son mouchoir ou ses vêtemens répandent un doux parfum d'eau de Portugal, de vanille; enfin il y a dans toute sa personne quelque chose qui annonce la femme qui veut plaire. Je me sens déjà ému, troublé, car Juliette est une jolie blonde aux yeux noirs; ses sourcils bruns et très-prononcés donnent il est vrai quelque chose de dur à sa physionomie, mais lorsqu'elle sourit cette expression est remplacée par une autre fort engageante.

Elle s'excuse de me déranger si matin, et moi de la recevoir en robe de chambre; je la fais asseoir devant le feu et je renvoie ma portière.

Je suis un peu embarrassé pour entamer la conversation, et je m'en tire en lui demandant si elle a déjeuné? «— Oui,
» monsieur, oh! j'ai pris mon café... je
» n'ai besoin de rien, je vous remercie...
» je viens savoir si vous avez eu la bonté
» de lire... mon manuscrit?..— Votre
» manuscrit... ah... oui, madame... mais
» approchez-vous donc du feu... il fait
» très-froid ce matin...— Je suis fort
» bien... je craignais que vous n'eussiez
» pas eu le temps de lire tout et...— Oh!
» pardonnez-moi... madame, je dois d'a-

» bord m'excuser sur la scène d'hier...
» j'ai été désolé de ce qui est arrivé...
» mais les femmes sont indulgentes, et
» j'espère...—Mon Dieu, monsieur, je
» vous assure que je ne pense plus à
» cela... c'est moi qui me trouvais là fort
» mal à propos... cette dame avait bien
» tort d'être jalouse de moi !.. convenez
» que je ne le méritais pas ?.. »

Voilà une question insidieuse. Je lui réponds assez bêtement. « Vous êtes bien » faite pour inspirer de la jalousie. » Et puis nous sommes quelque temps sans parler. Juliette reprend enfin.

« J'ai été très-contrariée de tout cela...
» et, en répondant à cette dame, je me suis
» peut-être trop laissée aller à ma viva-
» cité... j'en ai été désolée après !..—C'est
» elle qui avait le premier tort... est-ce
» que... vous connaissez cette dame ?...

» —Pas du tout!..—C'est singulier...
» je croyais... d'après ce que vous avez
» dit...—J'ai dit tout ce qui m'est venu
» à la tête... je ne m'en souviens plus...
» mais c'était la première fois que je
» voyais cette dame, et si je la rencon-
» trais je ne la reconnaîtrais pas. »

Cette assurance m'ôte un poids qui pesait sur ma poitrine, je me sens plus à mon aise, je me rapproche de Juliette qui sourit avec malice, en me disant :

« Êtes-vous parvenu à faire votre
» paix?..—Tenez, ne parlons plus de
» tout cela...—Elle vous aime à la fu-
» reur cette dame!..—C'est de vous que
» je veux m'occuper...—De moi!... ah!
» je n'aurais pas le pouvoir de vous la
» faire oublier!... »

Il me semble pourtant qu'elle fait tout ce qu'il faut pour cela; afin de se chauffer les pieds, elle a légèrement relevé sa robe; je vois une jambe bien prise, et le commencement d'un mollet qui me paraît parfaitement dessiné... ah! que c'est dangereux d'être assis devant le feu auprès d'une dame.

« Enfin, monsieur, puisque vous ne
» voulez plus que je vous parle de vos
» amours... revenons à mes contes...
» — Il me serait cependant bien doux
» de parler d'amour avec vous... — Mais
» moi j'aime peu le rôle de confidente,
» c'est un emploi que je ne veux
» pas encore tenir... — Qui vous parle
» de confidente?.. — Il fait bien chaud
» chez vous... je vais ôter mon man-
» teau. »

Je la débarrasse de son manteau; elle feint de s'apercevoir alors que sa robe de dessous est à peine attachée.

« Mon Dieu ! comme je suis faite !..
» je n'ai pas pris le temps de mettre un
» corset... cette robe agrafe si mal... —
» Je voudrais qu'elle agrafât plus mal
» encore...—Les femmes sont bien mal-
» heureuses quand elles n'ont personne
» pour les habiller !...—Est-ce que votre
» voisin Adolphe n'est pas toujours là?..
» —Fameux habilleur !.. il ne sait pas
» mettre une épingle !.. il est bien gau-
» che le pauvre garçon. Eh bien ! mon-
» sieur, ce manuscrit?..—Ah ! oui, ma-
» dame...— Dites - moi ce que vous
» en pensez...—C'est que... dans ce mo-
» ment ce n'est pas à cela que je pense...
» l'auteur me fait oublier l'ouvrage...—
» Ah ! monsieur plaisante... Mon cha-
» peau me gêne... je puis bien l'ôter,
» n'est-ce pas ?—Otez tout ce que vous
» voudrez...—Et si la dame d'hier arri-

» vait... elle m'arracherait les yeux !..
» —Elle ne viendra pas...—Ah!.. vous
» êtes sûr... c'est bien heureux pour
» moi. »

Elle ôte son chapeau, ses cheveux retombent sur son cou, sur son front, elle les repousse en riant; il y a, dans toute sa personne, un désordre voluptueux qui enivre; on ne sait plus ce qu'on fait, mais on sait bien ce qu'on voudrait faire : les regards, le sourire de Juliette, semblent provoquer un aveu. Je la serre dans mes bras, elle rit ; je l'embrasse... elle rit encore ; qui diable alors pourrait rester sage?.. je succombe à la tentation, et cela, sans lui avoir fait de déclaration, sans lui avoir même dit que je l'aimais : c'est singulier qu'il y ait des femmes qui nous accordent tout sans nous avoir demandé cela!.. probablement pour ces dames-là les paroles sont peu de chose !

Lorsque je retrouve ma raison, ce qui, grace à Juliette, a lieu le plus tard possible, je suis tout étonné de ce que j'ai fait, je crois même que j'en suis fâché... cependant Juliette est bien jolie... mais il faut maintenant lui dire que je l'aime et je sens que cela me coûtera.

Juliette n'a pas du tout l'air de se repentir de ce qui s'est passé, bien au contraire : elle rit, elle m'agace, elle fait mille folies ; il me semble que ce n'est déjà plus la même femme que lorsqu'elle est arrivée. Elle s'assied sur mes genoux et me prend la tête en disant : « Ah!
» c'est maintenant que je voudrais que
» cette dame d'hier arrivât!.. elle vou-
» drait me chasser de la place que j'oc-
» cupe, mais je lui dirais : J'en suis bien
» fâchée, madame, j'ai, tout autant que

» vous, le droit de m'asseoir sur ses
» genoux ?... »

Ces paroles me font mal... pauvre Clémence !.. si elle savait... ah ! si elle arrivait, Juliette aurait beau faire, je la repousserais bien vite pour retourner près de mon ancienne amie.

Les hommes sont bien ingrats, direz-vous ; voilà une femme, qui vient de vous rendre heureux, et vous avouez déjà que vous la repousseriez pour une autre. Que voulez-vous ? c'est que le plaisir sans amour est peu de chose, tandis que l'amour sans plaisir est encore beaucoup.

Je suis parvenu à replacer Juliette sur sa chaise ; elle s'écrie alors : « Dis donc,
» tu m'as offert tout à l'heure à déjeu-
» ner, j'ai refusé... parce que c'était
» plus comme il faut, mais à présent je

» déjeunerais volontiers... mon café est
» bien loin, et puis on gagne de l'appé-
» tit chez vous, monsieur.—Je vais faire
» apporter à déjeuner... que désirez-
» vous?—Oh! n'importe, pourvu que
» ce soit très-bon. »

Je donne mes ordres, et bientôt on nous apporte un déjeuner choisi : j'ai voulu bien faire les choses, car si on n'a pas d'amour pour une femme, il faut remplacer cela par les procédés. Je suis bien certain que Clémence ne viendra pas aujourd'hui; je puis donc sans crainte traiter Juliette.

Ma nouvelle conquête a beaucoup plus d'esprit qu'on ne le penserait en lisant son malheureux manuscrit: elle fait honneur au déjeuner, et l'égaie par ses saillies. J'ai demandé du champagne: c'est le vin des dames, il les fait causer plus facilement; Juliette n'en avait pas besoin pour bavarder, mais il achève de la mettre à son aise et il règne, je crois, plus de franchise dans ses discours.

« Eh bien ! et ces contes moraux?... » me dit-elle quand son appétit est un peu calmé.

« —Ma chère amie... voulez-vous que
» je vous parle... sans détour...—Oui,
» certes... mais je veux d'abord que tu
» me tutoies, et ne me dises pas de ces
» *vous* qui m'ennuient.—Mais... c'est
» que... si j'en prenais l'habitude... et
» que devant... Adolphe...—Oh! que
» non!... On sait avec qui on est... Eh
» bien ! mes contes... tu n'oses pas ré-
» pondre?... tiens, je gage qu'ils sont
» mauvais...—Ma foi... j'avoue... ils ne
» sont pas positivement mauvais... mais
» pour être imprimés il faudrait tant

» refaire.... ensuite dans le manuscrit
» que vous.. que tu m'as donné, il n'y
» aurait pas de quoi fournir un quart de
» volume...—C'est fini, monsieur, n'en
» parlons plus!... c'était une folie qui
» m'était passée par la tête... et Dieu
» sait le mal que j'ai eu pour écrire
» cela... Moi qui parle si facilement...
» je ne pouvais pas tracer deux lignes
» de suite qui eussent le sens commun.
» Mais aussi, me vois-tu, moi, faire des
» contes moraux!.. Ah! ah!.. où avais-
» je la tête?...est-ce là mon manuscrit?—
» Oui...—Tu vas voir un beau trait de
» courage... »

Elle prend le rouleau, le jette dans le feu, et le regarde brûler en s'écriant d'un ton tragi-comique... « Voilà le cas
» que je fais de mes œuvres... *qu'en*
» *dis-tu?*.

« — Je dis que bien peu d'hommes
» ont autant de courage, et que cela seul
» suffirait pour me prouver que vous
» avez de l'esprit, si je ne m'en étais pas
» déjà aperçu.

» Ah! monsieur me trouve de l'es-
» prit... monsieur est trop bon!... Eh
» bien! je vais te parler à cœur ouvert...
» donne-moi encore un peu de champa-
» gne... ça ne me grise jamais!... Écoute,
» mon petit. Ah! laisse moi d'abord me
» mettre sur tes genoux... tu veux bien,
» n'est-ce pas? »

Le moyen de dire qu'on ne voudrait pas. Juliette n'a pas attendu ma réponse, elle est déjà assise, et elle continue, tout en mangeant des macarons et des biscuits.

« Je ne suis pas née pour griffonner
» du papier... ça casse la tête! mais je

» suis née pour m'amuser... je veux
» mener une vie de bayadère!... Avant
» tout il me faut de la fortune... tu ne
» m'en donneras pas, toi; les poètes n'ont
» pas l'habitude de se ruiner pour les
» femmes, tu ne m'épouseras pas non
» plus... tu as trop d'esprit pour ça.
» Mais tu m'aideras à devenir la femme
» de ce benêt d'Adolphe, qui sera fort
» riche un jour et qui alors ne me mettra
» pas continuellement au kirschwasser.
» Oh! quand je serai sa femme, comme
» je fricasserai l'argent de sa famille!...
» comme nous nous en donnerons!...
» Je t'aimerai toujours, tu es l'ami du
» cœur, tu seras mon benjamin, mon
» fidèle... et surtout que je ne voie
» plus ta mélancolique d'hier matin,
» car c'est moi qui la mettrais à la porte
» maintenant... Eh bien! pourquoi donc

» que tu m'ôtes de là...—C'est que j'ai
» la crampe... il faut que je marche un
» peu!... »

Je me suis levé; car je n'y tenais plus;
cette femme me faisait mal!... Ses projets sont affreux!... et elle croit que je
les seconderai!... que pour elle je quitterai Clémence! Chère Clémence! je sens
que je l'aime dix fois plus encore lorsque
je vois la différence qui existe entre elle
et Juliette.

« Eh bien, mon ami, ta crampe se
» passe-t-elle!—Pas tout-à-fait encore...
» —Comme tu as l'air sérieux!.. Ce n'est
» pas pour dire, mais vous ne vous égayez
» guère avec moi... il faut que je fasse
» tout! Voyons, Arthur; réponds-moi,
» que penses-tu de mon projet? est-ce
» qu'il n'est pas charmant?...

« — Non... d'abord, je ne vois pas

» pourquoi vous désirez épouser Adolphe.
» — Ah! mon Dieu, est-ce que tu es
» jaloux, bibi?... Mais encore une fois
» c'est pour devenir riche... Je tiens es-
» sentiellement aux espèces moi... Ah?
» je devrais avoir un beau sort... si ce
» vieux gredin... ce singe qui ma séduite
» et abandonnée... Ca lui a bien réussi,
» c'est pas l'embarras!—De qui donc
» parlez vous?... de votre mari qui s'est
» pendu?..—Ah! ah! est-il bête... est-ce
» que j'ai jamais eu un mari, moi... c'est
» des contes qu'on fait aux Adolphe ça!..
» — Et le petit garçon... — Eh ben
» après, qu'est-ce que ça prouve?...
c'est un petit garçon... voilà tout...
» fallait-il pas que je la misse dans un
» bocal d'esprit de vin.—Il est gentil cet
» enfant.—Je le trouve affreux, moi...
» est-ce que tu l'as vu?...—Oui, un jour

» je me trouvais à sa pension... et même
» je me suis amusé à fermer sa veste avec
» mes boutons de chemise.—Comment!
» cela venait de toi... moi qui croyais
» que c'était une galanterie de son père.
» —De son père?... il n'est donc pas
» mort?—Je te dirai ça un jour, quand
» tu seras bien sage. Ainsi c'est entendu,
» tu parleras en ma faveur à Adolphe, et
» je serai madame Désigny!...—Non je
» ne parlerai pas du tout en votre faveur
» pour qu'Adolphe vous épouse : ce
» mariage-là n'aurait pas le sens com-
» mun!...—Savez-vous que vous êtes
» bien malhonnête... Ah! vous ne vou-
» lez pas qu'il m'épouse, et bien je puis
» vous certifier qu'il m'épousera... je
» me passerai de votre assistance... je
» fais ce que je veux d'Adolphe : c'est
» une pâte si molle... je lui donnerais

» la forme d'une brioche si je voulais;
» il m'adore, il ne voit que par mes
» yeux, et il sera mon mari... oui,
» monsieur, c'est comme j'ai l'honneur
» de vous le dire... Mais, Arthur, il ne
» faut pas que cela te fâche... est-ce que
» tu crois que je puis aimer ce nigaud de
» Désigny?... c'est toi seul que j'aime...
» oui... c'est de la passion que j'ai pour
» toi... il y a long-temps que cela me
» tient : c'est depuis le jour où je t'ai
» vu au spectacle... oui, monsieur
» depuis ce jour-là je me suis dit! ce
» sera mon amant; et quand je me pro-
» mets une chose, il faut que je l'aie.
» Oh! j'ai du caractère... mais je te
» préviens que je suis jalouse... horrible-
» ment jalouse... je vais te guetter!...
» et si tu revoyais ma petite cornette, il
» arriverait de grands malheurs... mais

» tu ne la reverras pas... hein?... voyons
» embrassez-moi donc... mon Dieu quel
» homme!... il ne se remue pas du
» tout!... »

Je me laisse embrasser, je suis étourdi, abasourdi de ce que j'entends; je songe qu'un moment de faiblesse peut nous causer bien des soucis!.. C'est dommage que ces réflexions-là ne viennent pas avant de succomber.

CHAPITRE VI.

QUI PROUVE COMME QUOI LES GENS D'ESPRIT SONT BÊTES.

Juliette m'embrassait, m'arrangeait les cheveux ; pendant ce temps je pensais à Clémence, à tout ce qu'elle m'avait dit la veille.

On sonne doucement à ma porte. Je

frémis. « Ça m'est égal, » dit Juliette, cette fois je ne me cache plus!...

Et elle se rassied devant la table en se versant du champagne. Je ne crois pas que ce soit Clémence, elle ne pourrait sortir seule deux jours de suite; cependant je regarde Juliette qui rit pendant que je la fixe.

« Comment! vous voulez rester là?...—
» Oui, mon bon ami, je me suis cachée
» une fois... passe!... d'ailleurs j'étais
» curieuse d'entendre; mais aujourd'hui
» je suis la sultane favorite... je ne bouge
» plus.—Et si c'était Adolphe?...—Ça
» ne me ferait rien... je trouverais une
» histoire... mais ce n'est pas Adolphe,
» il est allé à Montmorency... Allez donc
» ouvrir... on s'impatiente... »

Je sors de ma chambre, en me disant : où me suis-je fourré!.. et je vais ouvrir, décidé, si c'est Clémence, à me jeter à ses genoux et à lui demander pardon de ce que j'ai fait.

J'ouvre... c'est mon homme de lettres de l'avant-veille, avec deux rouleaux de papier sous le bras. Jamais la vue de quelqu'un ne causa autant de plaisir. Je pense que l'arrivée de ce monsieur m'aidera à me débarrasser de Juliette. Je lui fais un salut gracieux et mets tant d'empressement à le faire entrer que le pauvre homme se retourne croyant qu'il y a quelqu'un derrière lui.

« Monsieur, je vous demande pardon
» si je vous dérange derechef... mais...
» —Vous ne me dérangez nullement,
» monsieur... au contraire... entrez
» donc, je vous en prie...—Monsieur, il
» fallait pour cela que je me rappelasse
» un oubli...—Mais entrez donc, mon-
» sieur, ne restez pas là... »

Je pousse mon homme dans ma chambre à coucher. A sa vue, Juliette fait une grimace horrible : le monsieur aux rouleaux se confond en salutations.

« Asseyez-vous donc, monsieur...— » Ma foi, monsieur, cela m'arrange, car » je suis un peu fatigué... non que je » vinsse de bien loin...—Vous accepte- » rez bien un verre de champagne et » un macaron?...—Pour que je refu- » sasse il faudrait que je fusse ma- » lade... »

Je verse du vin, je présente des biscuits à ce monsieur que je vois pour la seconde fois et dont je ne sais pas même le nom; il est tellement confus de mes politesses que ses deux rouleaux s'échappent de dessous ses bras et vont se promener dans la chambre... Je vois que Juliette s'impatiente, elle me fait des yeux, des mines pour que je renvoie ce monsieur; je feins de ne point m'en apercevoir.

« Monsieur, j'ai l'honneur de boire à
» votre santé... ainsi qu'à celle de ma-
» dame... »

Juliette ne répond rien et lui tourne le dos, moi, je remplis de nouveau son verre.

« Monsieur, lors du dernier entretien
» que nous eûmes ensemble, vous rap-
» pelâtes-vous que j'oubliai de vous dire
» mon nom?..— En effet, monsieur... je
» le cherchais aussi en vain...—Il eût été
» étonnant que vous le sussiez sans que
» je vous l'apprisse. Monsieur, je me
» nomme Lubin, je descends par les
» femmes de la belle Ferronnière; j'ai fait
» lithographier mon arbre généalogique,
» j'aurai l'honneur de vous en apporter

» un exemplaire.—Ça me fera bien plai-
» sir... buvez donc... prenez quelque
» chose...—Ça m'arrange, car mon esto-
» mac devient très-impérieux!... »

Juliette fait tomber avec son pied la pelle et les pincettes, je les ramasse, et elle me dit à l'oreille: « Est-ce que vous
» n'allez pas bien vite renvoyer ce grand
» spectre?—Mais je ne peux pas... ce
» serait incivil... »

Pendant que nous parlons, monsieur Lubin a ramassé ses rouleaux, il en ouvre un et le place sur la table devant lui en me disant : « Vous devinez ce que
» c'est?...—Ma foi non...—Ce fameux
» mélodrame, que vous n'eûtes pas le
» temps d'entendre l'autre jour... Le
» *Chaos*...— Ah! c'est le *Chaos* que vous
» avez là... en deux rouleaux?—Oui,
» ça ne pouvait pas tenir sur un seul...

» Permettriez-vous que je lusse?... —
» Très-volontiers... »

Juliette fait des mouvemens d'impatience et s'agite sur sa chaise. M. Lubin tient un des formidables manuscrits, il lit en appuyant sur chaque syllabe : « Le
» *Chaos, mélodrame en cinq actes, par*
» *Lubin, homme de lettres.* »

Il s'arrête, tourne la page et lit de nouveau. « Le *Chaos, mélodrame en*
» *cinq actes, par Lubin, homme de let-*
» *tres. Personnages : Le Néant, les Nua-*
» *ges, le Tonnerre, une trombe, des Co-*
» *mètes, des Vents.* » Juliette tousse, fredonne, se mouche, frappe du pied sur les chenets ; M. Lubin n'en lit pas avec moins de gravité. Après la nomenclature de ses personnages, il boit son champagne et reprend : « Le *Chaos, mé-*
» *lodrame en cinq actes, par Lubin,*

» *homme de lettres. Acte premier* : Le
» théâtre représente un ciel couvert, on
» voit des nuées qui passent et des étoiles
» qui filent... »

Juliette se lève brusquement en murmurant : « J'en ai assez!.. je m'en vais!

Voilà ce que j'espérais. Je lui aide à remettre son manteau, son chapeau, et je la reconduis. Quand nous sommes dans l'anti-chambre, elle s'écrie : « Est-ce que
» tu vas écouter cet homme-là?...—Il le
» faut bien..., j'ai des ménagemens à
» garder avec lui.—Mais sais-tu bien
» qu'avec son *Chaos* il mériterait les
» étrivières?... il m'a presque fait regret-
» ter d'avoir brûlé mes contes... Je
» m'en vais, car je n'y tiendrais plus.
» Arthur, je viendrai te revoir après-
» demain...—Après-demain?... mais...

» c'est que...—Oh ! il n'y a pas de
» mais !... je viendrai de grand matin,
» entends-tu ?... ne te lève pas, tu
» m'attendras dans ton lit... Adieu...
» songe à m'être fidèle surtout... car je
» suis méchante quand je m'y mets...
» adieu !... tu es un amour... »

Elle m'embrasse encore, me serre la main et s'éloigne. La voilà partie enfin !... quelle femme !... ah! j'ai fait une grande sottise en me laissant aller à ses séductions, car je ne l'aime pas, je ne l'ai jamais aimée; et elle prétend me faire rompre avec Clémence... oh ! non, madame, il n'en sera pas ainsi... c'est avec vous que je veux rompre... et très-vite même ;... et ce pauvre Adolphe... le laisserai-je faire un tel mariage ?... une femme qui se fait une fête de le ruiner, de le tromper... non, quoiqu'il soit bien entêté et bien sot parfois, je veux lui ouvrir les yeux encore un fois.

Mais cet auteur qui est là-dedans... et je n'y pensais plus !...

Je rentre dans ma chambre : monsieur Lubin n'avait pas changé de position, il tenait son manuscrit à la hauteur de son nez, sa bouche était entr'ouverte ; dès qu'il m'aperçoit il s'écrie : « Le » *Chaos, mélodrame en cinq actes, par* » *Lubin, homme de lettres. Scène pre-* » *mière : Chœur de Vents qui soufflent* » *de tous les côtés.* »

Et monsieur Lubin voulant imiter les vents se met à me chanter.

« Brrrr... ou... Brrrr... ou...

» Pisssssss... pis... sssss... »

Je l'arrête au moment où il cherche à imiter un troisième vent.

« Monsieur Lubin, je suis fort con-

» trarié de ne pas pouvoir vous écouter
» plus long-temps aujourd'hui, mais cette
» dame... qui était là, vient de se trouver
» indisposée, elle est rentrée chez elle,
» et il faut que j'aille chercher son mé-
» decin...

« — Ah! cette dame est malade... oh
» alors je conçois... ma foi... ça m'ar-
» range autant de ne pas lire aujour-
» d'hui... votre champagne m'a un peu
» brouillé les yeux... quand on n'en a
» plus l'habitude, quoique j'en busse
» beaucoup jadis... — A une autre fois,
» monsieur Lubin... — Vais-je vous lais-
» ser mon *Chaos?*.. — Oh! c'est inutile;
» il faut qu'un ouvrage de ce genre soit
» lu par vous, sans cela il perdrait
» trop... — C'est vrai... c'est un genre
» tout d'imitation... ah! si vous aviez
» entendu l'entrée de la Trombe... —

» Pardon... si je vous renvoie...—Je
» vous apporterai mon arbre généalogi-
» que lithographié...—Tout ce que vous
» voudrez... »

Et je le pousse dehors aussi vite que
je l'ai fait entrer. J'aurai soin de donner
des ordres à mon portier et à sa femme
pour qu'on ne laisse plus monter monsieur Lubin; car on ne se trouve pas
souvent dans la position où j'étais, et il
ne faut pas s'exposer à entendre deux
fois le *Chaos*.

J'ai mon projet; il est un peu méchant
peut-être; mais je n'en trouve pas d'autres, et avec Juliette je crois qu'il ne faut
pas employer de demi-moyen; d'ailleurs,
quand je songe qu'elle m'a défendu de
revoir Clémence, cela bannit tous mes
scrupules. Je croyais, en cédant à ses
charmes, que ce serait une de ces liaisons

éphémères que l'on oublie aussi vite qu'on les a formées ; mais on veut m'enchaîner, me traiter en esclave !... cela ne me convient pas du tout.

J'écris un petit billet que je vais moi-même mettre à la poste. Puis j'attends les événemens, impatient d'être au surlendemain. Il arrive enfin ce moment de notre rendez-vous ! Il n'est pas encore sept heures, je suis couché ; on sonne... c'est Juliette enveloppée dans son manteau sous lequel elle a mis à la hâte une robe qu'un seul cordon retient. En quelques secondes elle est auprès de moi ; en la revoyant si jolie, si passionnée, j'ai presque des remords de ce que j'ai fait... mais le moment serait mal choisi pour y céder, et, puisque cet instant est le dernier que je dois passer avec Juliette, finissons aussi bien que nous avons commencé.

Il y a peut-être une heure qu'elle est avec moi lorsque nous entendons ouvrir la porte de mon carré ; je sens mon cœur se serrer... c'est l'instant de la crise.

« Qui donc entre ainsi chez toi? » dit Juliette. « —C'est ma portière, elle a
» ma clef pour que je ne sois pas obligé
» de me déranger le matin pour lui
» ouvrir...—Comme elle vient de bonne
» heure!... j'espère qu'elle ne va pas en-
» trer ici?...—Oh non!...—Ce n'est pas
» que je ne me moque de ta portière;
» mais il me semble qu'on peut bien nous
» laisser tranquilles... Écoute donc... on
» dirait qu'on parle... qu'on appro-
» che... »

En effet on approchait : bientôt on ouvre la porte de ma chambre à coucher et Adolphe entre, en s'écriant :

« Me voici... la portière m'a dit :

» Oh! oui, monsieur, vous pouvez le
» voir, monsieur m'a ordonné de vous
» laisser entrer... J'ai reçu votre billet,
» et je viens savoir... »

Il n'en dit pas plus : il vient d'apercevoir Juliette couchée à côté de moi.

En voyant entrer Adolphe, Juliette a fait un mouvement comme pour se cacher sous la couverture, mais bientôt, renonçant à ce projet, elle laisse retomber sa tête sur l'oreiller après m'avoir lancé un regard dont je ne puis rendre l'expression.

« Juliette!... Juliette... avec vous!... » murmure Adolphe en laissant aller sa tête sur sa poitrine. « Ah! mon Dieu...
» si on me l'avait dit... je ne l'aurais pas
» cru!...

» — Et c'est pour cela que j'ai voulu
» vous le faire voir, » dis-je en me levant

aussitôt et me hâtant de passer ma robe de chambre et un pantalon.

« — Monsieur... savez-vous que c'est » indigne le tour que vous me jouez » là!... » dit Juliette en se soulevant à demi et me regardant fixement, mais sans trop de colère.

« — Madame, vous m'y avez forcé, » vous vouliez épouser monsieur... je » n'ai pas voulu lui laisser commettre » une sottise dont il se serait repenti » toute sa vie...

» — En vérité, vous avez eu bien de » la bonté!... Que monsieur soit trompé » par moi ou par une autre, qu'im- » porte?... il le sera toujours !...

» — Par exemple! c'est un peu fort!...» dit Adolphe qui commence à se mettre en colère.

« — Arthur, dis-moi que tu m'aimes,

» que tu m'aimeras toujours; dis-moi
» que c'est pour cela que tu ne voulais
» pas me voir épouser monsieur... et je
» te pardonnerai ce que tu viens de
» faire.

» — Non, madame, je ne puis vous
» dire cela, car je mentirais : tel n'a point
» été mon motif... je dois même vous
» avouer que je n'ai pas cessé d'aimer...
» celle que je connaissais avant vous ;
» aussi notre liaison doit être rompue.
» Je ne sais point feindre un sentiment
» que je n'éprouve pas : vous êtes jolie...
» très-jolie... mais ce n'est pas de l'amour
» que j'ai pour vous. Je préfère vous
» parler avec franchise, je pense d'ail-
» leurs que vous m'aurez bien vite
» oublié. »

Pendant que je parlais, Juliette est devenue pâle, verte, tremblante; ses traits se contractent, ses sourcils se rapprochent, elle ne me regarde plus; bientôt elle jette de côté la couverture, elle se lève, s'inquiétant peu de se montrer demi-nue; elle s'habille sans prononcer un mot. Son état me fait mal, mais je n'ose essayer de la calmer; que lui dirais-je d'ailleurs?... des consolations ressembleraient à de l'ironie. Je me tais, et je reste assis dans un coin.

Pendant ce temps, Adolphe, qui se promène à grands pas dans la chambre, est parvenu à se mettre en colère, il s'approche de Juliette, en s'écriant à tue tête :

« Savez-vous bien, madame, que vous » n'êtes qu'une catin!... » elle ne lui répond pas et continue de s'habiller sans même le regarder. Je m'empresse d'aller vers Adolphe.

« — De grace, point d'injures!...
» Madame est assez punie... trop peut-
» être...—Monsieur, j'ai bien le droit
» de traiter madame comme je viens de
» le faire... M'avoir trompé ainsi!...
» oui, je le répète, c'est une...—Encore
» une fois, Adolphe, taisez-vous... ou
» sortez.—Et quant à vous, monsieur,
» qui vous disiez tant mon ami et qui
» couchez avec ma maîtresse... je ne vois
» pas déjà que ce soit un si beau
» trait!...—Ah! il eût mieux valu ne
» pas vous le dire; c'eût été plus conve-
» nable, n'est-ce pas?... — Il eût mieux
» valu ne pas le faire... et certaine-
» ment... ça ne se passera pas ainsi!...—
» Ah! vous voulez vous battre avec moi
» parce que je vous ai empêché de faire
» une sottise!—Parce que vous m'avez
» soufflé madame!...—Je ne vous ai

» rien soufflé!... au reste si vous trou-
» vez que je vous ai offensé, je vous
» rendrai raison. Mais je vous demande
» quinze jours de délai : si après ce
» temps vous m'en voulez encore, venez
» me trouver, je serai à vos ordres. »

Je ne sais ce qu'Adolphe murmure entre ses dents; mais, après avoir fait encore deux ou trois tours dans la chambre, il sort brusquement en s'écriant : « Je m'en vais! ça vaudra mieux! » Je le laisse partir, je regarde Juliette; elle vient de terminer sa toilette... elle est debout devant la cheminée; j'espère qu'elle va s'en aller aussi. Mais elle vient vers moi, me fixe en souriant avec amertume. Ses yeux lancent des flammes : ce n'est plus l'amour, c'est le dépit, la fureur qu'ils expriment.

« Monsieur, vous allez m'entendre à

» votre tour !... » me dit-elle d'une voix qu'elle s'efforce de rendre calme. « Je ne puis pas vous quitter ainsi... il
» faut que vous sachiez quel sera le résul-
» tat de votre belle conduite ! Vous
» m'avez fait l'injure la plus grave, vous
» vous êtes conduit avec moi comme
» n'aurait pas osé le faire un goujat !...
» un marchand de contre-marques ! Ah !
» vous ne m'aimez pas... ah ! vous
» aimez toujours votre autre maî-
» tresse !... et vous seriez désolé de me
» la sacrifier !... Vous avez passé avec
» moi un caprice !... c'est par bonté
» peut-être que vous avez daigné me rece-
» voir dans vos bras!... mais c'est l'autre
» qui seule fait battre votre cœur !...
» Homme infâme ! me dire cela !... et
» croire que je ne me vengerai pas !...
» Ah ! malgré toute votre finesse, dont

» vous avez donné ce matin une si belle
» preuve, je suis encore plus fine que
» vous, monsieur; je ne vous avais pas
» répondu vrai quand vous m'interrogiez
» sur cette femme. Oui sans doute je la
» connais, et je sais qui elle est; je sais
» qu'elle se nomme Clémence, et que
» c'est la femme de M. Moncarville...
» Ah!... cela vous fait de la peine que je
» sache cela!... Vous êtes peut-être fâché
» maintenant de tout ce que vous avez
» fait!... Ce n'est pas tout, monsieur,
» vous vouliez savoir quel est le père de
» mon fils? eh bien! son père, c'est
» M. Moncarville; il me débaucha, me
» rendit mère et m'abandonna ensuite,
» selon l'habitude de ces messieurs! Ce-
» pendant alors il n'était pas encore
» marié; ne devait-il pas m'épouser, bien
» plutôt que cette Clémence qui le trompe
» et ne lui donne pas d'enfant? Moi, dont

» il avait un fils, moi qu'il avait séduite,
» je ne fus pas sa femme!... parce que
» je n'étais qu'une petite ouvrière!... Il
» fallut épouser une demoiselle de bonne
» maison... et on se contenta de faire
» douze cents livres de rentes à mon
» fils... Belle chose vraiment! lorsque
» sa femme a des cachemires et des dia-
» mans pour le faire cocu! Mais nous
» verrons maintenant; notre sort chan-
» gera peut-être. Si vous l'aviez quittée
» pour moi, je l'aurais laissée en paix
» avec son vieil époux... Vous me re-
» poussez pour elle, je me vengerai! Ah!
» vous voulez continuer de la voir cette
» femme que je déteste! Prenez garde...
» Juliette veillera sur toutes vos actions!
» je vous brouillerai avec elle, je le jure;
» enfin je ne serai contente que lorsque
» j'aurai fait son malheur ! »

Elle s'éloigne en achevant ces mots

et moi je suis anéanti, désolé de ce que j'ai fait, effrayé des menaces de Juliette. Ce n'est pas pour moi que je tremble! mais elle peut perdre Clémence... Oh!.. il faut des preuves... elle n'en a pas... mais un mari, déjà jaloux, au moindre avis va surveiller sa femme plus que jamais!.. Il faut pendant quelque temps, pendant long-temps même, que je me prive de voir Clémence, cela est indispensable, il y va de son repos, de sa réputation. Mais comment la prévenir pour qu'elle ne vienne pas chez moi?... Je ne puis lui écrire... et elle va croire que je me sers d'un prétexte pour moins la voir, que j'ai cessé de l'aimer... mon Dieu! comment donc faire?... Ah! pourquoi ai-je cédé aux charmes de cette femme!.. On a bien raison de dire : un tendre engagement mène plus loin qu'on ne pense!... Cependant, j'en ai eu souvent de tendres engagemens, et ils ne me menaient pas bien loin. Mais aussi qui se serait douté que ce petit Oscar était le fils de M. Moncarville?... Pauvre enfant!... il fait vivre sa mère avec les douze cents francs qu'elle reçoit pour lui, et elle ne lui achète pas une malheureuse culotte!...

Je passe ma journée inquiet, tourmenté, ne sachant comment prévenir Clémence, et décidé pourtant à me priver de la voir, plutôt que de l'exposer à la vengeance de Juliette. Enfin un souvenir frappe ma pensée : c'est demain soirée chez M. de Reveillère: c'est un ancien noble qui a bien voulu accepter des emplois sous Napoléon, et qui a eu le talent, en se faisant ami de tous les gouvernemens, d'amasser une fortune colossale : ses réunions sont brillantes, mais quelquefois trop nombreuses. M. de Reveillère, qui a voulu être bien avec tout le monde, reçoit indistinctement chez lui des gens titrés et des parvenus, des artistes et des capitalistes ; avec un peu de persévérance et un costume à la mode, il est très-facile d'être admis à ses soirées.

Depuis long-temps j'avais cessé d'y aller, parce que mon père ayant été autrefois lié avec M. de Reveillère, je savais qu'on l'avait vu quelquefois à ses soirées, et j'évite, autant que possible, de me trouver avec lui. Mais je ne crois pas mon père à Paris, et je sais que M. Moncarville et sa femme vont souvent à ces réunions : c'est le seul endroit où je puisse espérer de la rencontrer. J'irai, je la préviendrai des dangers qui nous menacent; à tout hasard j'aurai une lettre dans ma poche, et je trouverai bien l'occasion de la lui glisser.

Voilà qui est arrangé; j'irai demain dans cette nombreuse réunion où je n'ai pas paru depuis un an. D'ici là j'espère que Clémence ne viendra pas chez moi... Être réduit à désirer qu'elle ne vienne pas!... Ah! Juliette, vous êtes déjà vengée!

CHAPITRE VII.

UNE PARTIE DE BOUILLOTTE.

Pourquoi donc à tout âge ne nous suffit-il pas d'un bonheur tranquille, d'une position paisible pour être heureux ? Pourquoi cette soif d'amour, d'ambition, de désirs de changement !... La vie serait-elle trop uniforme, trop froide, si les passions ne venaient pas à la traverse. Ah! si chacun restait tranquille à la place que le destin lui a marquée, nul ne chercherait à s'élever au-dessus de son état; les maris seraient fidèles à leurs femmes, les femmes n'aimeraient que leurs maris; on cultiverait paisiblement l'héritage de ses pères, et comme les Guèbres prétendent que labourer un champ, planter un arbre et faire un enfant, sont les trois actions de l'homme qui plaisent le plus à l'humanité, cette vie pastorale nous laissant tout le temps de faire ces trois choses, nous irions tous en paradis.

Mais, en ce moment, tourmenté, agité par ce qui m'est arrivé avec Juliette, je ne suis guère en train de planter un arbre, ni de labourer un champ; alors même que j'en aurais un, et je crois que je ferais mal aussi la troisième action. Un esprit trop préoccupé ne vaut rien pour l'amour: c'est sans doute pour cela que beaucoup de dames aiment les militaires ; parce qu'une fois leur service fait, ils sont rarement préoccupés.

J'écris à Clémence, je lui dis qu'en effet Juliette la connaît ainsi que son mari ; que cette femme, étant méchante, et fâchée contre moi ; parce que je lui ai rendu ses contes ; il faut se méfier d'elle, et pendant quelque temps renoncer à nous voir, à moins d'être entièrement sûr qu'on ne pourra être observé.

Je termine ma lettre en assurant à Clémence, que, s'il faut que nous soyons quelque temps sans nous voir, ma tendresse n'en sera pas moins vive.

Mais je suis certain qu'elle ne me

croira pas; quand on parle raison aux femmes, elles s'imaginent qu'on ne les aime plus.

Je vais donc retourner dans ce monde que j'aime peu, y voir des gens que je n'aime pas, et peut-être y chercher en vain celle pour qui j'y vais. M. de Reveillère sera tout surpris de me revoir; mais il est encore possible qu'il n'ait pas remarqué que depuis un an je n'ai pas été chez lui : quand on reçoit tant de monde, on ne s'occupe que des célébrités de l'époque, et je n'ai pas la prétention d'en être une.

J'ai fait toilette et mis de l'argent dans mes poches; car il faut pouvoir jouer pour tuer le temps. Je n'oublie pas le billet pour Clémence, et je me rends chez M. de Reveillère.

Me voici dans les vastes salons du

riche à la mode, la foule s'y porte : c'est encore plus nombreux qu'autrefois. Le maître de céans a l'esprit de n'être d'aucune opinion, et par ce moyen il réunit chez lui tous les partis; mais on y parle fort peu politique, et c'est, je crois aussi, ce qui maintient la vogue de ses soirées. Je me faufile à travers de beaux messieurs qui ont un faux air de Henri IV ou de François Ier, et semblent regarder avec dédain les mentons qui ne veulent pas se vieillir de trois siècles. Dans un autre salon je me trouve au milieu des moustaches; plus loin ce sont les cheveux lisses et longs qui dominent; je vois avec plaisir que les hommes finiront par s'occuper de leur coiffure tout autant que les dames : c'est une révolution dans les mœurs ; les révolutions deviennent comme la *muscade; on en a fait partout.* Les dames me semblent moins coquettes, moins ingénieuses dans leur parure ; peut-être en s'apercevant que les hommes sont plus occupés d'eux que d'elles, ne veulent-elles plus faire autant de frais pour leur plaire. Les laides sont celles qui ont le plus de recherche, d'élégance : cela fut toujours ainsi. Quand une femme ne peut pas être citée pour sa beauté, elle veut l'être pour sa mise : c'est donc bien doux de faire parler de soi?

Je parviens jusqu'à M. de Reveillère, je le salue, il me serre la main : « Eh ! » bonjour, mon cher Arthur, enchanté » de vous voir! » puis il passe à un autre.

Je gage qu'il croit m'avoir vu jeudi dernier : ce qui me surprend c'est qu'il se rappelle toujours le nom de cette quantité prodigieuse de personnes qu'il reçoit.

En entrant dans une pièce où l'on fait de la musique, je viens d'apercevoir celle pour qui je suis venu; elle est assise derrière d'autres dames : jamais elle ne cherche à se mettre en vue, sa modestie lui fait préférer les petits coins. Mais une femme jolie se cache en vain, on la découvre, on la remarque, et plusieurs jeunes gens, que je vois rôder autour de Clémence, pensent probablement comme moi. Elle cause avec une dame âgée; elle ne m'a pas vu et ne se doute pas que je suis ici. Avant de m'approcher d'elle, je cherche des yeux son mari, je ne le trouve que trop vite! M. Moncarville est un homme qui a dû être fort bien, mais il a beaucoup usé de la vie, et sa figure est considérablement chiffonnée.

Ses cheveux sont gris, mais ses sourcils sont d'un noir d'ébène; quant à ses favoris, ils sont très-bruns aux extrémités et blancs à la racine; on voit dans tout cela les débris d'un bel homme qui a de l'humeur de vieillir; et qui ne sait pas remplacer la jeunesse par l'amabilité.

Ce monsieur ne me connaît que de nom; je ne crois pas qu'il m'ait jamais vu ; malgré cela je n'ose parler à sa femme en sa présence, car alors il s'informera de moi, et, d'après les propos qui ont été faits, je crains que cela n'attire à sa femme quelque désagrément. Cependant n'est-il pas naturel d'aller saluer une dame avec laquelle on s'est trouvé à la campagne? et faut-il que j'aie l'air d'un homme qui ne sait pas vivre parce que ce monsieur est jaloux?

Tout en me disant cela, je tourne auprès de la chaise de Clémence, et je n'ose lui parler... Si elle me voyait du moins!.. oh! alors nos yeux se rencontreraient souvent : il y a tant de plaisir à s'entendre d'un regard au milieu de la foule, à se dédommager par un sourire de la contrainte que l'on éprouve, à pouvoir parmi tant de gens qui nous sont indifférens apercevoir celui qui possède tout notre amour! Ah! c'est une grande jouissance que l'on goûte souvent dans le monde, sans que les plus fins le devinent, et pour laquelle on brave l'ennui d'une soirée d'étiquette, d'une lecture prétentieuse et de la sonate obligée.

Un jeune compositeur me rend le service de me nommer en me disant bonsoir très-haut. Au nom d'Arthur, elle s'est retournée, elle m'a vu, elle a rougi; une expression de plaisir, de bonheur, éclaire sa physionomie jusqu'alors assez froide. Je ne sais plus ce que je réponds à mon compositeur, sans doute tout de travers, car il me quitte en souriant et en me disant : « Je vous retrouverai, » mon ami, en ce moment je vois que » vous êtes très-préoccupé. »

Sans doute Clémence en faisait autant avec sa vieille dame, car celle-ci a tourné la tête pour voir ce qui distrait madame Moncarville. On a beau se promettre d'être prudent, on se trahit quelquefois!... Clémence sait mal dissimuler, elle n'a pas l'habitude des intrigues. Heureusement son mari est allé dans un autre salon. Je m'approche, et je vais respectueusement saluer sa femme. En m'appuyant un peu sur le dos de sa chaise, je tâche de lui tenir une autre conversation que celle voulue par les convenances.

« C'est un hasard de vous voir ici,

» monsieur ! » me dit Clémence, en fixant ses yeux sur les miens.

« —Oui, madame, en effet... » Je me penche du côté opposé à la vieille dame, et j'ajoute à voix basse : « C'est pour vous
» voir, vous parler, que je suis venu...
» Si vous saviez...

» —Cette demoiselle touche fort bien
» du piano, n'est-ce pas, monsieur ?.. »

C'est à moi que la dame voisine adresse cette question... Et il faut que je réponde d'un air indifférent : « Oui, ma-
» dame, elle a beaucoup de talent !...

» —Qu'est-il donc arrivé ? » me dit Clémence a demi voix.

« —Il faut cesser de nous voir pen-
» dant quelque temps... votre repos en
» dépend...—Cesser de nous voir !... et
» c'est pour me dire cela plustôt que vous
» êtes venu ici !... Je vous remercie de

» cet empressement...— Ah! Clémence
» si vous pouviez m'entendre... C'est
» pour vous, c'est par prudence que
» je...

» — Monsieur, on dit que cette de-
» moiselle est élève de *Pradher*... — De
» Pradher?... Oui, madame... — Oh!
» c'est un excellent professeur.

» — De grace, Clémence, écoutez-moi.
» J'ai là un billet qui vous instruira de
» tout... — C'est inutile, je ne veux pas
» le lire... Vous ne m'aimez plus... vous
» m'oubliez pour cette femme que j'ai
» trouvée cachée chez vous... Vous l'a-
» vez revue cette femme.. N'est-ce pas?..
» Ah! vous n'osez pas me répondre le
» contraire!

» — Qui est-ce qui va chanter main-
» tenant?.. le savez-vous, madame Mon-
» carville?

» — Chanter?.. non madame... Je ne
» sais plus... je me sens mal à mon aise..
» —Mon Dieu! est-ce que vous vous trou-
» vez indisposée?.. — Non... mais il fait
» bien chaud ici... Ah! voilà mon mari.»

M. Moncarville était près de nous en effet, il a dû me voir parler à sa femme... mais cela ne lui fera pas deviner qui je suis! Dans un salon, ne peut-on pas causer avec quelqu'un sans le connaître? Clémence se lève vivement, va lui prendre le bras, et passe dans un autre salon. Je suis resté là, sans avoir pu me justifier, et elle n'a pas voulu prendre mon billet, et il me faut répondre à cette vieille dame qui me questionne encore sur ceux qui ont chanté. Je lui dis tout ce qui me vient à la tête, et je quitte la place. Serait-elle partie!... Je cherche de tous côtés.. Ah! je vois son mari à une table de bouillotte; elle est assise à peu de distance. Je vais aussi regarder jouer; bientôt une place devient vacante, je la prends.

M. Moncarville est mauvais joueur; il se plaint à chaque coup qu'il perd, il se plaint même quand il gagne, il trouve alors qu'il n'a pas fait assez; il est deux heures à compter son jeu, il engage mal son argent; mais comme la chance ne m'est pas favorable, il n'a pas pu encore se plaindre de mon bonheur. Je ne sais comment je joue; mais je suis presque en face de Clémence, et je cherche à rencontrer ses yeux qu'elle détourne obstinément, quand je la regarde. Je perds mon argent; je suis décavé à chaque instant, mais je me recave toujours, je ne donnerais pas ma place pour une plus heureuse.

A notre table, à ma droite, est un jeune homme que j'entends appeler le marquis de Follard[1]: c'est un petit maître aux cheveux longs et bouclés, qui parle bien haut de ses chevaux, de son tilbury, de son groom; il se dandine sur sa chaise, affecte de sourire en regardant les femmes, et se donne enfin des manières qui pourraient passer pour de l'impertinence. Quoiqu'il soit assez joli garçon, il y a dans ses traits quelque chose de faux, de composé qui me déplaît. Il me semble avoir déjà entendu prononcer ce nom de Follard; je ne puis me rappeler où; en attendant, M. le marquis nous gagne à tous notre argent; il décave bientôt mon voisin de gauche; nous attendons qu'on vienne le remplacer. Les amateurs de bouillotte sont allés entendre la musique. Tout à coup le jeune marquis s'écrie, en s'adressant à quelqu'un qui entrait dans le salon :

« Eh! voilà ce cher baron de Harle-
» ville!... Venez donc vite, baron, il y a
» une place vacante, et je suis en veine,
» je vais vous gagner votre argent. »

Le nom de Harleville m'a fait tressaillir, j'ai levé les yeux et reconnu mon père. Il vient se placer à notre table à côté de moi... Je ne puis dire tout ce que j'éprouve : je suis content de revoir mon père, et pourtant je suis fâché d'être là. Il ne m'avait pas aperçu : ce n'est qu'après s'être assis que ses yeux se portent sur moi... Ses traits laissent percer un secret mécontentement; s'il m'avait vu plus tôt, je gage qu'il n'aurait pas accepté cette place... Fâché d'être auprès de son fils qu'il n'a pas aperçu depuis près de trois ans!... Ah! c'est porter bien loin le ressentiment. Il y a des momens où je suis tenté de croire que je ne suis pas son fils... Pourtant, je sens au fond de mon cœur que je l'aimerais tant... s'il me le permettait.

Le baron de Harleville est un petit homme maigre, pâle, au maintien fier, à l'air dur et hautain; il est coiffé à la Titus; mais il a conservé la poudre; sa figure sévère laisse rarement voir la moindre émotion, ses lèvres minces, ses yeux gris ne s'égaient jamais; sa parole est brève, sa voix forte et haute: tel est mon père à l'âge de cinquante-cinq ans.

Ce marquis de Follard semble être fort lié avec le baron, il affecte de lui dire à chaque instant : « Mon cher baron, mon » ami. » Ce monsieur me paraît bien jeune pour être aussi intime avec mon père, leur connaissance ne peut dater de loin, et leurs manières, leur humeur offrent si peu de ressemblance, que je ne comprends pas comment une si grande intimité a pu s'établir entre eux. Tout cela m'intrigue, me trouble; ajoutez-y le voisinage de Clémence, de son mari, et vous ne serez pas étonné que je sois fort peu à mon jeu, et que j'aie de fréquentes distractions. M. Moncarville m'a déjà prié plusieurs fois, avec humeur, de faire attention à ce que je faisais; je crois que je ne lui ai pas même répondu. Depuis que mon père est de notre partie, monsieur de Follard a pris un air plus posé, un maintien plus décent. Il adresse la parole au baron :

« Eh bien, mon cher ami, que dites-
» vous de Paris, depuis votre retour dans
» notre belle France?...—J'ai retrouvé
» tout comme je l'avais laissé. Le monde

» est partout le même.—Convenez qu'on
» s'amuse mieux ici qu'en Angleterre...
» J'avais par-dessus la tête de leurs dî-
» ners, de leurs *toasts!*... Maudit pays
» de brouillards!... j'y étais continuelle-
» ment enrhumé du cerveau!... c'est la
» seule chose que j'aie rapporté de chez
» nos chers voisins.

» —Messieurs, vous n'êtes pas à votre
» jeu... J'ai ouvert de cinq napoléons, »
dit M. Moncarville avec impatience.

« Je tiens, » répond le marquis en abattant son jeu.

On compte; M. Moncarville a gagné, il va être payé, quand le marquis s'écrie en regardant mon jeu :

« Mais monsieur a quatre cartes!... le
» coup est nul!... »

En effet : c'est moi qui avais donné, j'avais quatre cartes et je ne m'en étais pas aperçu, quoique je les eusse très-bien étalées sur la table. Mais en regardant les trèfles ou les piques, c'était toujours Clémence que j'avais devant les yeux ; et la voix de mon père qui vibrait à mon oreille.

M. Moncarville devient rouge de colère, le marquis éclate de rire.

« Voilà qui est fait pour moi !... le
» premier coup un peu important que
» je gagnais... et il est nul !... — Ah !
» ah ! ah !... je ne puis m'empêcher d'en
» rire !... c'est que monsieur nous laissait
» compter fort tranquillement !... Ma
» foi !... je suis plus heureux que je ne
» croyais... »

La gaîté de M. Follard augmente le dépit de M. Moncarville ; il me jette presque les cartes en s'écriant : « Quand
» on ne sait pas un jeu, on ne se met

» pas à une partie pour ne faire que des
» bévues!... »

Je sens le rouge me monter au visage... Le baron de Harleville me fixe, il semble surpris que je ne réponde rien à la grossièreté de M. Moncarville ; le marquis continue de ricaner ; je suis au supplice, mais Clémence me regarde : ce sont maintenant ses yeux qui cherchent les miens et me supplient d'excuser son mari. Je ne songe d'abord qu'à mon père, et à ce qu'il va penser de moi, lui, si susceptible pour tout ce qui tient à la politesse, à l'honneur !... mais ne dois-je rien non plus à Clémence? ne m'a-t-elle pas prouvé sa tendresse, tandis que depuis long-temps le baron de Harleville semble me renier pour son fils? Je ne répondrai pas à M. Moncarville, je supporterai les impolitesses de cet homme, j'y suis décidé.

Toutes ces réflexions ont été l'affaire d'une minute; d'un regard, je rassure Clémence, et dis en souriant à son époux : « Je tâcherai, monsieur, d'être moins » distrait à l'avenir. »

M. Moncarville conserve son air d'humeur, et se contente de murmurer je ne sais quoi entre ses dents; le baron fronce le sourcil, monsieur le marquis rit de nouveau.

Cependant les exclamations du mari de Clémence, et les éclats de M. de Follard, ont attiré beaucoup de monde à notre table; les nouveaux venus questionnent ceux qui étaient présens pour savoir ce qui s'est passé; j'entends que l'on parle bas, que l'on nous regarde; je vois fort bien que je suis particulièrement l'objet des observations de la société. Je feins de ne point m'en apercevoir et fais bonne contenance. Les yeux de Clémence sont toujours attachés sur les miens, ils me demandent du courage.

Notre jeu a pris un caractère de gravité qui n'est pas ordinaire. Mon père a l'air encore plus sombre, sa parole est plus sèche, et ses yeux se détournent quand ils pourraient rencontrer les miens. M. Moncarville continue de murmurer entre ses dents; déjà plusieurs fois sa femme l'a prié de quitter le jeu, en lui disant qu'elle voudrait partir : « Pas encore, madame », est tout ce qu'elle a obtenu. Le marquis de Follard seul est fort gai. De temps à autre, je crois remarquer un sourire moqueur, quand c'est sur moi qu'il arrête ses regards. Il cause, il chuchotte, en ricanant avec un jeune homme qui est venu se placer derrière sa chaise. J'entends celui-ci répondre d'un ton ironique :

« Écoute donc, mon cher, il y a des gens
» qui sont bons enfans ! » Je ne puis rendre ce que je souffre.

Quelques instans s'écoulent; un nouveau coup a lieu entre le marquis de Follard et M. Moncarville : c'est ce dernier qui gagne; mais, au moment de payer, le marquis s'arrête en s'écriant, d'un ton moqueur : « Ah! mais une mi-
» nute !... monsieur a peut-être encore
» quatre cartes, et il nous laisserait jouer,
» comme tout à l'heure sans nous rien
» dire !... »

Le marquis n'avait pas achevé, que je fixe sur lui des yeux étincelans de colère, en m'écriant : « Monsieur, votre obser-
» vation est une impertinence... J'ai pu
» excuser tout à l'heure le ton d'humeur
» de monsieur, parce qu'il perdait de-
» puis long-temps ; mais ce que j'ai bien

» voulu souffrir de lui, je ne le passe-
» rai pas à d'autres. »

En disant ces mots, je jette mes cartes devant monsieur le marquis, de la même manière que M. Moncarville m'avait jeté les siennes. Le brillant Follard a été tellement étourdi de ma brusque sortie, qu'il est un moment sans pouvoir me répondre ; mon père ne dit rien, mais, malgré lui, il perce dans ses traits quelque chose qui me laisse voir qu'il est satisfait de ma conduite. M. Moncarville me regarde d'un air tout surpris; Clémence devient pâle et tremblante; la galerie est dans l'attente de ce qui va suivre.

M. de Follard se remet bientôt et me répond d'un ton railleur : « Ah ! mon-
» sieur, vous vous fâchez maintenant !...
» qui diable s'y serait attendu ?... mais

» prenez-le moins haut, je vous prie...
» ou cela pourrait mal se passer.

» — Si nous n'étions pas dans une
» maison que je respecte, monsieur, c'est
» moi qui vous aurais déjà donné des le-
» çons de politesse... mais nous pouvons
» nous retrouver ailleurs. »

J'ai dit ces mots à voix basse pour ne point attirer l'attention de la société, et éviter un éclat. M. de Follard affecte au contraire de parler très-haut :

« Je suis le marquis de Follard, mon-
» sieur... Oh ! je ne me cache pas... il est
» facile de me trouver !... »

Je prends dans ma poche une carte que je glisse au marquis; il la lit tout haut :
« *Arthur, homme de lettres*... Je ne con-
» nais pas ça, moi... encore faudrait-il
» savoir si le marquis de Follard peut se
» mesurer avec M. Arthur !... »

Je suis sur le point de jeter mon gant au nez de cet impertinent; mais, au nom d'Arthur, M. Moncarville a poussé une exclamation de surprise et jeté des regards furieux sur sa femme; celle-ci, ne pouvant plus supporter ce qu'elle éprouve depuis quelques momens, perd connaissance et tombe renversée sur sa chaise.

Il se fait un grand mouvement dans le salon; on oublie notre querelle pour porter secours à madame Moncarville; moi-même, je me lève et vais courir à elle... mais je m'arrête... son mari l'observe, trop de monde l'entoure; il faut que je laisse à d'autres le plaisir de la secourir... On l'emporte dans une autre pièce, près d'une croisée... Je la suis de loin; je vois enfin ses yeux se rouvrir... Son mari lui prend le bras, l'emmène...

Pauvre Clémence ! combien je vais encore lui attirer de tourmens !...

Je veux retourner parler à ce marquis ; je rentre dans le salon, le jeu avait cessé ; mon père était assis seul à l'écart ; Follard causait debout avec quelques jeunes gens. Je m'approche, et lui dis à l'oreille : « Votre heure pour de-
» main, monsieur ? »

Il semble assez peu flatté de me revoir ; m'aurait-il cru parti comme cela ? cependant il me répond d'un air indifférent.

« — Demain, à huit heures, j'irai me
» promener à la porte Maillot avec des pis-
» tolets. — C'est bien, monsieur, nous
» nous y retrouverons. »

Je vais m'éloigner... Je vois Follard s'approcher de mon père, et lui dire, en lui frappant sur l'épaule : « Allons, mon

» cher baron, je compte sur vous pour
» demain... une affaire à vider... avec
» ce monsieur qui est si distrait... J'ai
» été votre témoin à Londres, vous serez
» le mien à Paris ; j'irai vous prendre à
» votre hôtel à sept heures et demie. »

C'est mon père qui sera son témoin ! Je ne sais plus ce qui se passe en moi ; mais je sors de cette réunion, en maudissant l'événement qui m'a forcé d'y aller.

CHAPITRE VIII.

LE TÉMOIN.

J'ai passé une nuit bien pénible; le sommeil n'a pas un moment fermé ma paupière : je vois mon père assistant à ce duel, il me semble que c'est contre lui que je vais me battre : cette idée me fait frémir ; cependant ai-je quelque reproche à me faire? dans cette malheureuse soirée d'hier, n'ai-je pas usé de modération tant que je l'ai pu?... Le baron de Harleville aurait rougi de trouver un lâche dans son fils... et quoiqu'il ne me donne plus ce nom, je ne pense pas que, même au fond de son ame, il puisse avoir une telle pensée de moi.

Mais je suis bien décidé à me rendre sans témoin au lieu du rendez-vous. Prendre quelqu'un semblerait opposer aussi un adversaire à mon père, et cette seule pensée me fait horreur. Le marquis dira et croira tout ce qu'il voudra, je n'aurai pas d'autre témoin que le sien.

L'heure arrive, je fais mes préparatifs pour le combat. Pauvre Clémence!... si je ne dois plus te revoir, il me serait bien doux de te laisser dans une lettre les dernières assurances de ma tendresse... de te répéter que je n'aimais que toi avant de mourir! Mais cette consolation m'est encore refusée : une lettre pour Clémence !... qui la lui remettrait ?... je n'ai point de confident; la confier à des mains étrangères... je pourrais la compromettre. Non, je ne dois pas lui écrire. Ah ! il y a dans tout ceci quelque chose de triste qui me serre le cœur... Hâtons-nous de partir.

Je prends une voiture, j'ai mes pistolets, je me fais conduire à l'endroit indiqué. Le temps est froid et sombre; les promeneurs ne nous gêneront pas.

Je descends de voiture. Je m'avance vers le bois. Je n'aperçois personne encore... Attendons.

Je me promène, et je pense à mon père; sa liaison intime avec ce jeune marquis est toujours pour moi un sujet d'étonnement. Les paroles que Follard lui disait hier au soir, me reviennent à l'esprit : « *J'ai été votre témoin à Lon-* » *dres, vous serez le mien à Paris.* »

Mon père a donc eu aussi un duel en Angleterre. Son humeur irascible, fière, arrogante, ne s'est pas adoucie avec les années; et, aujourd'hui, il va peut-être de sang-froid être témoin de la mort de son fils!... Que lui ai-je donc fait, grand Dieu!

Mais ce Follard... Ah! je me rappelle maintenant!... oui, je sais par qui j'ai entendu, pour la première fois, prononcer ce nom; c'est par M. Théodore, un soir que j'étais au spectacle, derrière deux dames, et que ce grand monsieur, qui avait des moustaches alors, est venu dans la loge leur parler. Ainsi, ce soi-disant marquis est l'ami de l'inventeur du bassin portatif... Ah! monsieur de Follard, je n'avais pas bonne opinion de vous, mais voilà qui achève de vous mettre mal dans mes papiers.

Le bruit d'un cabriolet me tire de mes réflexions; il s'arrête; deux hommes en descendent... Je reconnais mon père et Follard; ils viennent à moi. Le baron a toujours cet air froid, sévère, qui ne permet pas au plus habile physionomiste de deviner ce qu'il éprouve. M. de Follard semble badiner avec la boîte à pistolets qu'il porte à sa main, et il siffle un air de chasse en marchant.

« Désolé, monsieur, de vous avoir fait
» attendre, » dit le marquis en m'abordant. « Mais mon maudit tailleur, qui est
» venu ce matin a été fort long à m'adap-
» ter une nouvelle forme de robe de cham-
» bre... avec des manches bouffantes...

» comme celles des femmes... Je crois que
» cela aura du style... Me voici à vos or
» dres. Mais, où donc est votre témoin? »

» — Je n'en ai pas amené, monsieur,
» sachant que M. le baron de Harleville
» serait le vôtre, j'ai pensé qu'il suffirait
» pour nous deux.

»—Voilà qui n'est pas dans l'ordre...
» chacun doit avoir son témoin... Il faut
» que la partie soit égale... Ce sont de
» ces choses que tout le monde sait!...

» — Je ne l'ignore pas non plus, mon-
» sieur, mais je vous répète que je ne
» pouvais pas opposer un témoin à M. de
» Harleville, et je suis persuadé que
» monsieur le baron ne blâmera pas ma
» conduite. » Mon père, qui jusque-là
avait gardé le silence, fait un mouvement d'impatience, et prend la boîte aux

pistolets de Follard, en murmurant :
« Oui... cela peut se passer ainsi. »

» — Allons, messieurs, comme vous
» voudrez ! » répond Follard, « moi ce
» que j'en disais, c'était par respect pour
» les usages... je suis rigoureux obser-
» vateur des usages !... mais du moment
» que le cher baron consent à servir de té-
» moin pour les deux partis, j'aurais
» mauvaise grace à persister. Mon cher
» de Harleville, ayez la complaisance de
» charger les armes... Combien de pas,
» monsieur Arthur ?.. »

» — Ce que vous voudrez, monsieur.
» — Oh ! cela m'est parfaitement égal...
» vingt-cinq, si cela vous convient ? —
» Oui, monsieur.

» — Baron vous compterez les pas, c'est
» votre besogne aujourd'hui... à Londres,
» ce fut la mienne; mais au moins là,

» vous vous battiez pour une jolie femme,
» tandis qu'aujourd'hui je ne sais pas
» trop pourquoi je me bats ; n'importe...
» il me viendra peut-être une meilleure
» occasion ! »

Pendant que Follard parlait, mon père chargeait les pistolets, et, toujours avec cette figure froide, qui ne montrait aucune émotion, il s'approche de moi... me présente une arme.... ma main tremble en la recevant... Ah! ce n'est pas de frayeur; mais je songe que c'est mon père qui me la présente.

J'ai pris le pistolet sans lever les yeux sur lui... Je me place ; il compte les pas.

« Qui tirera le premier ? » dit Follard en se plaçant à l'endroit où mon père s'est arrêté.

« —Vous, monsieur. —Moi... je n'en

» ferai rien, je vous jure. — Eh bien!
» ensemble alors. — Ensemble, oui, ce
» sera plus légal. Baron, vous donnerez
» le signal en frappant dans votre main. »

Nous tenons chacun notre arme, nous avons les yeux fixés l'un sur l'autre, nous attendons ce signal que mon père doit nous donner, lorsque tout à coup le baron, qui était éloigné de quelques pas, revient précipitamment se placer entre nous et s'écrie d'une voix émue, et sans chercher cette fois à cacher son agitation :

« Arrêtez... arrêtez! messieurs, vous
» ne vous battrez pas!... Ce combat ne
» peut avoir lieu... monsieur Arthur re-
» mettez-moi votre arme... monsieur de
» Follard donnez-moi ce pistolet... votre
» querelle avec monsieur est une mi-
» sère... je connais votre courage à tous

» deux, je vous le répète, vous ne vous
» battrez pas.

» — Ah çà, mon cher baron, que si-
» gnifie cette plaisanterie?... vous chargez
» les armes, vous comptez les pas, et
» puis je ne sais ce qui vous passe par la
» tête, voilà que vous ne voulez plus
» que nous nous battions!... Certaine-
» ment j'ai beaucoup de déférence pour
» vous; mais il me semble que vous
» abusez de l'ascendant que vous avez
» sur moi!

» — Non, marquis, ce combat n'aura
» pas lieu... il est inutile... quelques mots
» prononcés avec emportement ne con-
» stituent point une insulte. Monsieur
» Arthur m'approuvera, je l'espère? »

Je ne réponds point, mais je n'ose résister à mon père, et je lui rends l'arme qu'il m'avait donnée; j'éprouve même une secrète satisfaction de ce qu'il fait en ce moment, car je me persuade que c'est la nature qui vient, malgré lui, de parler à son cœur.

Le marquis se laisse aussi reprendre son pistolet; il regarde le baron et se met à rire, en s'écriant : « En vérité, mon » cher ami, je ne vous ai jamais vu aussi » agité, même quand vous avez pris la » défense de ma jolie cousine!... »

» — Allons, monsieur de Follard, cette » affaire est terminée; j'aurai soin de dire » que vous et votre adversaire vous vous » êtes comportés en gens d'honneur, et » on ne met pas en doute ce qu'affirme » le baron de Harleville; maintenant, » saluons monsieur, et partons. »

En disant ces mots, mon père a pris le bras de son jeune ami; celui-ci m'ôte son chapeau, j'en fais autant, et je vois ces messieurs remonter dans le cabriolet qui les a amenés et qui disparaît bientôt à mes yeux.

Après tout, je ne suis pas fâché que cela se soit arrangé ainsi. Comme mon père était agité en se précipitant entre moi et le marquis! ce n'était plus cet homme flegmatique et sévère! c'était un père qui craignait de voir couler le sang de son fils!... Ah! si j'avais osé me jeter dans ses bras!.. mais il m'aurait repoussé peut-être, car son émotion a été de bien courte durée! A peine a-t-il eu décidé que nous ne nous battrions pas, qu'il a repris son air sévère, comme s'il eût été honteux d'avoir cédé à un mouvement de sensibilité.

Je retourne chez moi; je voudrais bien maintenant savoir ce que M. Moncarville a dit à sa femme, et j'attends avec impatience une lettre de Clémence. Mais huit jours s'écoulent, et je ne reçois aucune nouvelle. Pauvre Clémence! on ne lui laisse donc pas même la liberté d'écrire? Juliette aura effectué ses menaces, elle se sera vengée!... Du reste je ne l'ai pas rencontrée, pas aperçue depuis la mémorable matinée. Tout mon désir est de n'en plus entendre parler.

Un matin, on frappe doucement à ma porte; je crie d'entrer, je sais que ma clef est en dehors. On ouvre avec précaution, on entre à petits pas... je me retourne : c'est Adolphe qui s'avance les yeux baissés, l'air contrit et penaud.

Je ne puis encore m'empêcher de sourire en le regardant, quoique je sache que cela le contrarie, parce qu'il croit que c'est pour me moquer de lui que je ris. Cependant je veux cette fois le laisser s'expliquer; j'attends assez long-temps avant qu'il en vienne à ouvrir la bouche, enfin il se décide :

« Bonjour, monsieur Arthur. — Bon-
» jour, monsieur Adolphe. — Ça va
» bien... depuis que je ne vous ai vu ? —
» Cela va très-bien, je vous remercie. —
» Moi j'ai été fort enrhumé.—Ah! c'est
» fâcheux. »

Et Adolphe se bourre la bouche de sucre candi et se dandine sur sa chaise; il est capable de rester ainsi une heure sans me dire ce qui l'amène. L'impatience me prend et je m'écrie :

« A propos, est-ce toujours dans le
» dessein de vous battre avec moi, que
» vous venez ?... Je vous avais demandé
» quinze jours de délai; ils sont écoulés...
» A quoi êtes-vous décidé ? — Oh !... je
» ne pense plus à cela... Depuis j'ai bien
» compris que j'avais tort... si je me bat-

» tais avec quelqu'un, ce serait avec ce
» scélérat de Théodore!... Vous savez
» bien, Théodore qui avait fait une entre-
» prise... — Oui... le bassin ambulant...
» Eh bien! vos actions ont-elles monté,
» avez-vous doublé, triplé vos capitaux?..
» — Ah!... oui... mes capitaux!... ils
» sont bien loin! et mes actions de cent
» francs! on ne m'en donnerait pas cent
» sous. Figurez-vous que cet infâme
» Théodore est parti pour je ne sais où... il
» y a deux jours. Je suis allé à sa demeure
» pour savoir où en était notre affaire...
» mais plus de Théodore! il a disparu,
» on ne sait où il est allé, et le por-
» tier m'a assuré que plus de vingt per-
» sonnes avaient été dupées par lui, si
» bien que l'argent de mon oncle est à
» peu près perdu! — Vous pouvez même
» dire entièrement perdu. Voilà ce que

» c'est que de ne vouloir écouter personne
» et de ne faire qu'à sa tête quand on man-
» que encore d'expérience ! — Désormais
» je vous assure que je ne serai plus si
» bête; je me méfierai de tout le monde !
» — Il ne faut pas donner dans l'excès
» contraire ; tous les hommes ne sont pas
» des fripons, Dieu merci. — C'est égal,
» je serai toujours sur mes gardes. — Je
» ne m'étais pas plus trompé sur Juliette
» que sur Théodore. Votre liaison avec
» cette femme aurait eu des suites fâ-
» cheuses pour vous ; car Juliette a de
» l'esprit, elle sait prendre les hommes !...
» elle aurait fait de vous tout ce qu'elle
» aurait voulu. — Oh ! tout... c'est une
» façon de parler ! malgré cela je suis
» bien aise maintenant d'en être débar-
» rassé. — Vous ne la voyez plus ? — Par
» exemple, j'en serais bien fâché ! — Loge-

» t-elle encore dans votre maison?—Non,
» elle a déménagé le lendemain du jour
» où je l'ai trouvée ici.—C'est heureux
» pour vous. Mais croyez-moi, Adolphe,
» évitez-la... c'est une femme dange-
» reuse... elle vous fascinerait encore...
» — Ah!... après ce que j'ai vu, ce se-
» rait un peu fort. Je vous réponds que
» je puis la rencontrer sans danger, je
» le voudrais même pour lui jeter des
» regards de mépris. Mais dans tout cela,
» je ne puis pas, à présent, vous rem-
» bourser ce que je vous dois : voilà ce
» qui me contrarie.— De grace, ne pen-
» sez pas à cette bagatelle, et si je puis
» vous obliger... parlez. — Non, je vis
» bien sagement maintenant, je me con-
» tente de la pension que mon père me
» paie ; je ne fais plus de folies!— En ce
» cas, venez dîner avec moi, nous tâche-

» rons de nous égayer un peu; vous chas-
» serez le souvenir de vos dernières
» amours, et moi je tâcherai d'en faire
» autant, quoique je n'aie pas à me plain-
» dre de celle que j'aime, mais parce
» que je voudrais pourtant y penser
» moins souvent. »

J'emmène Adolphe dîner chez le restaurateur. Sa dernière aventure avec Juliette ne lui a pas ôté l'appétit, mais elle lui a donné beaucoup d'humeur contre les femmes. Dans un moment d'épanchement, il s'écrie :

« Je veux renoncer à un sexe sur le-
» quel on ne peut pas compter ! — Ah !
» ah... que dites-vous là, mon pauvre
» Adolphe ? renoncer aux femmes à vingt-
» deux ans ! vous seriez bien à plaindre,
» mon ami. — Mais puisqu'elles nous
» trompent toutes ! — D'abord le mal

» n'est pas d'être trompé, tout dépend
» de la manière dont on l'est. — Il n'y a
» pas de manière qui tienne; je veux
» une femme pour moi seul. — Ceci est
» peut-être de l'égoïsme; je ne crois pas
» que la nature produise un bel ouvrage
» pour le bonheur d'un seul individu;
» elle en fait tant de laids qu'alors il y
» aurait bien des mécontens. Mais pourvu
» que nous puissions croire que nous
» possédons seuls, n'est-ce pas tout ce
» qu'il faut pour être heureux? — Oh!
» vous êtes trop indulgent! il ne me suf-
» fit pas de croire une chose, moi, je
» veux qu'elle soit réellement... Cette
» Juliette!... si vous saviez tous les ser-
» mens, toutes les protestations d'amour
» qu'elle me faisait!... — En amour
» comme en toutes choses, il faut se dé-
» fier des gens qui parlent beaucoup. —

» Elle me donnait les noms les plus
» doux!... elle m'appelait son astre, son
» dieu, son petit chat!... Elle me disait :
» Si tu aimais une autre femme, je te
» déchirerais le visage... je te donnerais
» une foule de coups de couteau... — De
» telles menaces, qui sont d'ailleurs de fort
» mauvais ton, prouvent une femme vio-
» lente et vindicative, mais ne prouvent
» nullement qu'une femme soit fidèle.
» —Oh! quant à la fidélité, elle me répé-
» tait chaque jour : Moi, te tromper!
» mais est-ce que ce serait possible?...
» Les autres hommes, vois-tu, tous les au-
» tres hommes, seraient-ils superbes, me
» font l'effet d'une médecine... s'ils vou-
» laient m'approcher, j'aurais des nau-
» sées. »

Je ne puis m'empêcher de rire en apprenant ce que disait Juliette, et

Adolphe reprend, en s'animant encore plus : « Voilà ce qu'elle me répétait, » cette femme indigne!... et après cela, » je la trouve dans les bras d'un au- » tre!... O cœurs faux!... ô ames sans » foi!... qu'elle ne s'avise pas de me re- » parler jamais; car je la traiterais » mal !...

» — Allons, Adolphe, de la modé- » ration, ne vous laissez pas emporter » ainsi par votre ressentiment; vous êtes » encore neuf en intrigue d'amour, ap- » prenez à supporter de tels événe- » mens!... Une maîtresse infidèle!.. eh! » mon Dieu! cela est si commun qu'on » serait bien fou de s'en affliger... ah! » s'il s'agissait d'un sentiment profond... » d'une ancienne amie, je concevrais » votre chagrin; mais pour une amou- » rette !.. il faut en rire ! — Amou-

» rette !... qui me coûtait horrible-
» ment !... c'est que je ne vous disais
» pas tout ce que cette femme-là me
» faisait dépenser !... — Je m'en doute
» bien. — D'une coquetterie... quand
» nous sortions, elle trouvait toujours
» moyen de se faire acheter quelque pa-
» rure... quelque chiffon... ou même
» quelque petit meuble pour elle; elle
» me faisait de préférence prendre par
» les passages, parce que ce ne sont que
» des boutiques. Si nous allions prome-
» ner le soir, elle disait : Oh! allons pro-
» mener dans les passages... c'est plus
» gai, plus vivant! et mon argent y res-
» tait toujours dans le passage !... et
» puis gourmande !... oh! gourmande !
» si je l'avais crue, nous aurions dîné tous
» les jours chez le traiteur. — Et vous
» vous n'emmeniez jamais son fils avec

» vous?— Ah, ben oui! elle donnait
» deux sous au portier, et lui disait :
» Vous achèterez à Oscar des pommes de
» terre frites.. Pauvre petit! en a-t-il
» consommé de ces pommes de terre fri-
» tes !... Quand je lui rapportais quel-
» que friandise ; c'était toujours Ju-
» liette qui les mangeait en disant : Ça
» ne lui vaudrait rien ; d'ailleurs il ne
» faut pas le rendre gourmand.

» — Mon cher Adolphe, votre liai-
» son avec madame Ulysse ne vous sera
» pas entièrement inutile; elle vous don-
» nera de l'expérience, vous apprendra
» à ne pas croire à la lettre les sermens,
» les protestations d'amour; car, voyez-
» vous, c'est une monnaie courante dont
» on fait dans le monde un échange con-
» tinuel, et qui reste rarement à celui
» qui l'a reçue. Mais ne gardez pas pour

» cela rancune aux femmes ; vous vous
» puniriez plus qu'elles. — C'est égal, je
» ne donnerai plus mon amour facile-
» ment !... je prendrai toutes mes pré-
» cautions avant de me laisser séduire...
» — Vous serez bien fort tant que vous
» ne serez pas amoureux; mais dès qu'on
» vous plaira, vous vous laisserez capti-
» ver ; vous oublierez le passé, et vous
» croirez encore tous les sermens qu'on
» vous fera. — Oh! que non ! — Oh! que
» si ! »

J'emmène Adolphe au spectacle, et comme nous nous trouvons placés à côté de dames assez jolies et fort causeuses, je lie la conversation avec mes voisines ; mais Adolphe n'y prend point part, et lorsque je l'excite tout bas à faire l'aimable, il me répond avec un grand sérieux : « Ces femmes-là ont l'air

» trop évaporé, ça ne me plaît pas. »

En quittant Adolphe le soir, je l'engage à venir me voir plus souvent, et surtout à ne point se faire misanthrope et encore moins misogyne; mais dans le fond je suis bien tranquille, et je gage que ses grandes résolutions ne tiendront pas long-temps.

Je suis entré chez moi; je vais pour prendre une lumière chez mon portier... J'aperçois M. Lubin, assis dans la loge avec un grand rouleau sur ses genoux. Ah! mon Dieu!... est-ce qu'il aurait forcé mon malheureux concierge à entendre son *Chaos !*

M. Lubin se lève en m'apercevant, et me dit : « Monsieur, je vous attendais
» en causant avec votre estimable por-
» tier... non que j'eusse l'intention de
» vous déranger en rien... mais c'est

» mon arbre généalogique que je vous
» apportais, et pour que je vous l'expli-
» quasse, il fallait que je vous visse.

» — Oh! monsieur, je suis fatigué,
» j'ai envie de dormir, et il me serait
» impossible d'entendre ce soir vos expli-
» cations... — Eh bien! monsieur, cela
» m'arrange ; car moi-même j'ai aussi
» besoin de repos. — Alors, monsieur,
» je vous souhaite le bonsoir... allons
» nous coucher. »

J'avais pris la pancarte que M. Lubin m'avait présentée, et j'allais monter mon escalier, lorsque l'homme de lettres court après moi, en me disant d'un air humble : « Monsieur, c'est que mon arbre se
» paie ordinairement cinq francs... —
» Eh! mon Dieu! que ne le disiez-vous
» plus tôt!... voilà cent sous, je vous
» souhaite une bonne nuit. »

Je monte vivement l'escalier, sans écouter les remercîmens et les saluts de M. Lubin, et, arrivé chez moi, je commence par allumer mon feu avec l'arbre généalogique de l'auteur du *Chaos*.

Je me disposais à travailler, lorsque j'entends frapper à ma porte. Serait-ce encore M. Lubin!... cela passerait la plaisanterie; je suis bien décidé à ne pas lui ouvrir; mais je reconnais la voix de ma portière, qui me crie : « C'est moi, » monsieur, c'est une lettre que j'ai ou- » blié de vous remettre. »

J'ouvre vite, la portière me donne une lettre, en disant : « C'est ce grand » homme noir qui est cause que je ne » pensais plus à c'te lettre. Croiriez-vous » monsieur, qu'il est dans notre loge de- » puis sept heures du soir, et voilà mi- » nuit qui va sonner! Il nous étourdis-

» sait avec des histoires où nous n'avons
» rien compris du tout!... et je n'osions
» pas nous endormir par politesse.

»—S'il revient encore, dites-lui tou-
» jours que je n'y suis pas... que je ne
» rentrerai pas, et qu'il est inutile de
» m'attendre. — Oh! avec plaisir, mon-
» sieur, car deux personnes comme ça
» dans notre loge, ça serait dans le cas
» de donner des éblouissemens. »

Je reviens vivement près de mon feu; la lettre est de Clémence, j'ai reconnu son écriture... Il me tarde de la lire; mais j'éprouve ce contentement que l'on ressent d'être seul et libre lorsque l'on reçoit un billet de ce qu'on aime. Voyons donc ce qu'elle m'écrit :

« Mon ami, depuis que je vous ai vu à
» cette fatale soirée, je suis bien mal-
» heureuse! Horriblement tourmentée,

» d'abord par la crainte que vous ne
» vous battiez; en reprenant mes sens,
» il m'a fallu entendre les reproches de
» M. Moncarville, qui a prétendu que je
» vous avais donné rendez-vous à cette
» soirée, que je m'étais placée en face
» de vous pour vous voir plus à mon
» aise, et mille autres choses auxquelles
» je n'ai répondu que par le silence. Ce-
» pendant, M. Moncarville s'était calmé,
» il n'était plus question de vous, lors-
» que le lendemain on lui a remis une
» lettre; j'ignore de qui elle venait; mais
» après l'avoir lue, M. Moncarville a
» changé de couleur, il est venu vers
» moi... J'ai cru qu'il allait me frapper
» tant il paraissait irrité; il m'a donné
» les noms les plus odieux, en s'écriant
» que cette lettre lui donnait les plus
» grands détails sur mon inconduite; il

» a proféré les menaces les plus horri-
» bles, m'a annoncé que je ne sortirais
» plus seule, et que s'il acquérait quel-
» que nouvelle preuve de ma faute, il
» me ferait renfermer. Ainsi me voilà
» prisonnière, gardée à vue!... Il me
» faut donc renoncer à vous voir; mais
» jamais à vous aimer!.. Les mauvais
» traitemens qu'on me fait endurer
» augmentent encore l'aversion que j'ai
» toujours éprouvée pour celui qu'on
» m'a forcée d'épouser. Ah! si j'étais bien
» sûre d'être aimée de vous, Arthur, je
» ne serais pas entièrement malheureuse.
» Mais qui a pu écrire cette lettre qui a
» bouleversé M. Moncarville?.. Le soup-
» çonnez-vous?.. Qui donc peut me vou-
» loir tant de mal?.. Je crains de le de-
» viner!... Je vous écris sans savoir si je
» pourrai vous faire parvenir cette let-

» tre; n'importe, j'écris toujours... On
» ne veut plus que je sorte, je ne pour-
» rai donc plus te voir?.. Ah! je suis
» décidée à tout braver pour t'embrasser
» encore... Mais ils sont capables de
» m'enfermer. Adieu! Arthur! songez
» un peu à celle qui vous a tout sacrifié,
» qui n'a pour unique consolation que
» la pensée d'être aimée de vous, et qui
» mourrait s'il lui fallait perdre ce der-
» nier espoir! »

Cette lettre est bien triste!... Pauvre Clémence! je sens qu'elle eût été plus heureuse en ne me connaissant pas. Ce billet a dix jours de date; elle a été tout ce temps sans trouver le moyen de le faire mettre à la poste!...

Ah! Juliette! c'est vous qui, j'en suis certain, avez écrit à M. Moncarville, qui lui avez donné des détails sur ma liaison avec sa femme!... C'est vous qui faites le malheur de Clémence!.. Et tout cela pour vous venger! parce que j'ai eu la franchise de vous dire, en face, que je ne vous aimais pas, que je n'avais jamais eu d'amour pour vous!... Soyez donc franc avec les femmes! comme cela réussit bien!

CHAPITRE IX.

UNE AVENTURE D'AUTEUR.

Plusieurs mois se sont écoulés; je n'ai plus entendu parler de Clémence ni reçu de ses nouvelles; je n'ai rencontré ni mon père ni Juliette; et Adolphe, qui, pendant quelque temps, ne me quittait pas, ne me fait plus à présent que de rares visites, ce qui me fait présumer qu'une nouvelle intrigue l'occupe ; mais comme il ne me dit rien, je ne lui fais aucune question. Je sais ce qu'il m'en a coûté pour m'être mêlé une fois de lui prouver que sa maîtresse le trompait, je n'ai pas envie de recommencer.

Je voudrais me distraire, je voudrais faire une nouvelle maîtresse... C'est bien mal ! va-t-on dire... Et cette pauvre Clémence, qui vous aime tant, qui vous a fait le sacrifice de son repos, qui est si malheureuse pour vous avoir connu, vous voulez donc l'oublier ?.. Ah ! les hommes sont indignes !...

D'abord, je ne me ferai pas meilleur que je ne suis ; je sais tout ce que Clémence a fait pour moi, et je l'aime toujours. Oh ! je l'aime sincèrement ; mais enfin je ne la vois plus.. Et franchement à mon âge, puis-je me contenter de son souvenir? Je ne dis pas que j'aimerai une autre femme autant que Clémence, mais au moins cela me distraira, cela m'amusera, et il faut qu'un auteur s'amuse, sans quoi, il devient triste, froid, et ses ouvrages s'en ressentent.

Ah! mon père a beau dire, je ne connais pas d'existence plus agréable que celle d'un artiste. Outre ces jouissances de l'amour-propre qu'il goûte ou espère, les chutes procurent encore des émotions qui du moins nous font sentir que nous ne sommes pas que des machines. Ajoutez à cela une foule d'aventures piquantes, comiques, dont un artiste est souvent le héros; et, suivant moi, les poètes, les peintres, les musiciens, les compositeurs, enfin toutes les personnes qui s'adonnent au culte des arts, doivent être compris dans la dénomination d'artiste. Je sais bien que quelques hommes de lettres, fiers du génie qu'ils se croient, trouveront trop modeste ou trop banal ce titre d'artiste que je donne aux poètes; mais quand il s'agit d'émouvoir, d'attendrir, d'égayer, qu'importe que ce soit avec une plume, un pinceau ou une lyre? le principal est d'atteindre le but.

Les femmes dédommagent les artistes des critiques de coteries, des jugemens de l'envie, et des complimens des sots. En général, elles aiment les personnes qui ont du talent; car il y a toujours de l'amour-propre dans l'amour, et puis la gloire est comme le soleil, elle jette de l'éclat sur tout ce qui l'approche. Moi, je trouve que les dames ont grandement raison d'aimer les artistes en renom; cela fait honneur à leur goût, et prouve qu'elles tiennent à récompenser le talent, chose que les hommes oublient souvent.

Lorsqu'une dame a lu un ouvrage qui lui plaît, vu un tableau qui la charme, ou entendu une musique qui la transporte, son imagination travaille, se monte; elle désire connaître celui qui lui a fait éprouver de douces sensations, qui lui a fait passer quelques heures agréables : je trouve ce désir tout naturel, et je suis d'avis que ces dames devraient toujours y céder.

Mais probablement, pour la plupart des dames, ce n'est qu'une pensée éphémère, qu'une idée qui dure... le temps de la concevoir; puis une autre lui succède; la vue d'un objet nouveau, une étoffe à la mode, une visite, ont déjà fait oublier l'artiste que l'on a désiré connaître lorsqu'on était encore sous l'impression de son ouvrage.

Cependant il est quelques esprits forts, quelques têtes plus exaltées, ou plus philosophes qui cèdent à ce mouvement de curiosité. Quel mal, après tout, d'écrire un petit mot qu'on ne signe pas, ou que l'on signe du premier nom venu? Il est peu d'artistes qui n'aient reçu de ces billets féminins, auxquels on les prie de répondre, *poste restante* (c'est une manière commode pour ne pas faire connaître son adresse.) Dans ces mystérieuses missives, on dit tout ce qui vient à l'esprit. Quelquefois on nous donne des conseils, on nous gronde sur l'un de nos ouvrages, on nous complimente sur un autre, et l'on nous demande toujours une réponse que nous devons être trop galans pour refuser à une dame. En effet, à moins que l'épître ne soit par trop d'après l'orthographe de *M. Marle*, il est rare qu'on n'y réponde pas. Mais comme le dit fort bien lord Byron, qui probablement recevait souvent de semblables missives : « *Il faut* » *bien prendre garde alors à ce que vous* » *répondrez!* »

Et que l'on ne pense pas qu'il y ait la moindre fatuité à dire que l'on a reçu de tels billets ! D'abord ils ne sont pas toujours aimables, ensuite c'est à l'artiste et non pas à l'homme qu'ils s'adressent; enfin, si, cédant au désir que nous manifestons de faire plus ample connaissance, on nous accorde un rendez-vous; pensez-vous qu'il soit agréable, lorsque nous arrivons, bien empressé, à l'endroit qu'on nous a indiqué, cherchant de loin la parure que l'on nous a détaillée avec soin, et l'imagination montée pour une inconnue dont nous avons fait un objet charmant, pensez-vous, dis-je, qu'il

soit très-flatteur de se trouver vis-à-vis d'une femme de cinquante ans bien sonnés, qui a eu la malice de mettre un chapeau avec un voile, et qui, en vous abordant, vous fait des yeux langoureux, une bouche souriante, et vous dit en minaudant : « Ah ! c'est vous !... je vous
» avais deviné de loin ? »

Vous restez étourdi du coup ; vous n'osez ni reculer, ni avancer ; vous balbutiez quelques mots sans suite ; vous ne vous sauvez pas, parce que ce serait malhonnête et que l'on doit toujours être poli avec les femmes ; mais vous ne savez plus que devenir. Pendant ce temps-là, il arrive que l'on vous prend le bras et qu'on vous entraîne, en disant : « Ne
» restons pas ici... j'ai peur d'être ren-
» contrée ! »

» Ah ! mon Dieu ! où veut-elle donc

» que je la conduise !... il faut je trouve
» bien vite le moyen de m'en débarras-
» ser ! »

Voilà quelle est ordinairement l'idée fixe de l'artiste qui se trouve dans cette position. Tirez donc vanité des billets mystérieux et galans que vous recevez!

Et pourtant je l'avouerai, en ce moment je voudrais recevoir une de ces lettres anonymes, pour me distraire et dissiper un peu mes soupirs, dût l'auteur du billet être comme la personne dont je viens de vous faire le portrait; moi, je prends vite mon parti. Quand une aventure n'est pas sentimentale, elle doit être comique, et c'est toujours quelque chose. A cinquante ans une femme peut être fort aimable (l'âge n'ôte rien à l'esprit des femmes); alors on ne lui fait pas la cour, mais on fait la conversation : si la dame est ridicule, c'est un portrait à saisir et que l'on emploiera plus tard. C'est beaucoup de remontrer des originaux ! car pour être vrai, dans un roman, il ne faut pas créer les personnages, il faut se les rappeler.

Mais c'est lorsqu'on a plusieurs intrigues en train, c'est lorsqu'on peut à peine suffire à ces amours courantes que les billets galans arrivent par douzaines; et quand on n'a point d'amour au cœur, ou qu'on aurait besoin de distraction, on ne recevra pas le plus mince billet : c'est presque toujours ainsi dans la vie; les choses arrivent, mais rarement à propos.

Je faisais ces réflexions un jour, assis devant mon bureau; revenant d'une répétition où l'on avait voulu me faire faire des coupures; où l'actrice en vogue avait répété avec une nonchalance qui me désespérait, et comme par grace, un rôle que je trouvais charmant, et qu'elle trouvait au-dessous de son talent. J'avais fait du mauvais sang, j'étais rentré mécontent de moi, des actrices, de tout le monde, et, dans ce moment, la profession d'homme de lettres ne me semblait plus celle où l'on goûte le plus de plaisirs.

Ma portière me monte une lettre que le facteur vient d'apporter; je regarde l'écriture... ce n'est pas de Clémence, mais je gagerais que c'est d'une femme. La lettre est bien pliée, bien fermée, d'un papier fin et doux, signes favorables; entre cent je reconnaîtrais, rien qu'à la manière dont elle est cachetée, la lettre d'une dame du grand monde et celle d'une grisette : ceci soit dit sans offenser en rien ces demoiselles; on peut être très-jolie, très-aimable, et mal plier une lettre.

J'ouvre celle-ci, elle est d'une jolie écriture, quoique fine et serrée. Voyons ce qu'on m'écrit :

« Monsieur, trouvez ma conduite ori-
» ginale, bizarre, ridicule, elle doit vous
» paraître telle, donc elle le mérite, je
» ne vous blâme pas. Une femme et une
» femme jeune, écrire à un homme
» qu'elle ne connaît pas ! c'est plus qu'une
» inconséquence ; quel vaste champ
» pour un esprit caustique ! Cependant,
» comme nous avons tous besoin d'in-
» dulgence, j'espère que vous en aurez
» pour moi, car si je fais une faute en
» vous écrivant, n'en êtes-vous pas le
» premier auteur, vous qui me donnez
» ce désir irrésistible et auquel il me faut
» céder. Oui, je voulais vous écrire,
» pour vous dire que j'aime vos ouvrages,
» quoique j'en blâme quelques passages

» qui ne sont pas assez gazés. Mais votre
» dernier roman, ah! monsieur, que votre
» héroïne se conduit mal!... Jamais, je
» l'espère, vous n'avez rencontré le mo-
» dèle de cette femme : voilà ce que je dé-
» sire savoir. Si vous étiez assez bon pour
» me répondre, vous fixeriez mes doutes
» à cet égard. Je n'aurai jamais le plaisir
» de vous parler ; mais il me serait bien
» agréable d'entretenir une correspon-
» dance avec vous. Le voulez-vous ?... je
» vous crois trop galant pour refuser ; si
» vous satisfaites au vif désir que j'ai d'a-
» voir une réponse, écrivez à madame
» Lenoir, *poste restante* à Paris. »

Voilà un de ces billets dont on gratifie les gens qui ont quelque renommée. Je tiens celui-ci, je l'examine, le retourne dans mes mains... odeur ambrée, petit cachet ciselé... pas une faute d'orthographe.

Cela vient d'une petite-maîtresse... ou cela veut avoir l'air d'en venir. Le style n'est pas mal, et c'est toujours par-là qu'on se laisse séduire. Cependant Montaigne a dit *le style est l'homme*, et il n'a pas dit le style est la femme. Pourquoi? c'est qu'il pensait probablement que l'on doit moins se fier aux écrits de ces dames; que telle qui paraît tendre, aimante, sensible dans ses lettres, est froide, boudeuse, capricieuse dans ses plus intimes relations; que quelques-unes même, qui ont de l'esprit, de l'ame sur le papier, n'en ont pas du tout dans la conversation; que d'autres au contraire, dont les lettres sont sèches et laconiques, ont en tête à tête une élocution inépuisable. Oh! c'était un grand homme que Montaigne!

Moi, je vois toujours les choses du

bon côté, et je ne fais nulle façon pour me laisser séduire. Dussé-je me tromper encore, j'ai dans l'idée que celle qui m'a écrit ce billet est jolie, aimable, spirituelle... après tout, autant me figurer cela qu'autre chose... décidément, c'est d'une femme charmante, adorable que me vient cette lettre. Cette conclusion n'est pas établie par A plus B, mais elle me sourit; ne suis-je pas libre de l'admettre ? Un auteur arrange un dénoûment comme il le juge le plus convenable à son intrigue, et il me convient que madame Lenoir soit une femme pourvue de toutes les graces, douée de tous les attraits. Je vais lui répondre... Elle dit qu'elle ne me parlera jamais... Phrase d'usage! On dit toujours cela dans une première lettre, mais je vais commencer par lui demander un rendez-vous.

Je réponds à ma dame inconnue. Je ne puis pas encore lui dire que je l'adore puisque je ne la connais pas, ce serait aller trop vite ; mais je lui témoigne le désir que j'ai de faire sa connaissance, vu qu'il est plus agréable de causer que de s'écrire. Enfin je me persuade que j'écris à une jolie femme, afin que mon style ait quelque couleur. Je mets le nom que l'on m'a indiqué, et fais jeter ma réponse à la poste.

Deux jours se passent. J'avais presque oublié madame Lenoir, lorsque je reçois une nouvelle lettre, beaucoup plus longue cette fois. On me remercie d'avoir répondu, on entre dans de grands détails sur plusieurs de mes ouvrages, on serait charmé de me connaître, autrement que par une lettre, mais c'est impossible ; et on termine en me priant de nouveau de faire réponse.

Si cette dame croit que je vais passer mon temps à lui écrire, elle se trompe beaucoup. Je ne sais si elle est veuve, dame ou demoiselle; mais je la crois passablement originale. Puisqu'il lui est impossible de m'accorder un entretien, il me sera impossible à moi de lui répondre. C'est dommage, car ses lettres piquent ma curiosité; elle me gronde avec trop de grace, me critique avec trop d'esprit, pour que je puisse m'en fâcher. Elle m'avoue, dans sa seconde lettre, que le nom de Lenoir n'est pas le sien; elle a pris le premier venu pour que je pusse adresser à quelqu'un mes réponses... Oh! je m'en doutais bien!... mais je ne répondrai plus.

Deux jours après, nouvelle lettre, plus pressante, plus aimable que les précédentes. On me supplie de répondre au moins un mot, de ne pas être fâché de ce qu'on refuse de me voir; mais, si on a bien voulu en m'écrivant satisfaire une fantaisie, contenter le désir que l'on avait de connaître ma pensée, on ne doit pas commettre l'inconséquence de m'accorder un rendez-vous.

Tout cela ne m'ôte pas l'espérance : je sais le cas que l'on doit faire de ces belles résolutions, de ces promesses que l'on se fait à soi-même dans le silence de la retraite, et qui ne tiennent pas à un regard, à une prière, à un billet doux. Je vois que cette dame est déjà piquée de ce que je n'ai pas répondu à sa seconde lettre; je ne répondrai pas davantage à celle-ci. Je connais les femmes : ce n'est pas en montrant un grand empressement à leur plaire que l'on réussit le mieux près d'elles; elles récompensent plus souvent l'audace que le dévouement.

Je n'ai pas répondu. Deux jours se passent. Je ne reçois pas de lettre de la pseudonyme; j'en éprouve un léger dépit, ces billets m'amusaient... c'était le commencement d'un roman par lettres; et quoique ce genre ne soit plus de mode, il n'est pas sans mérite.

Mais, le troisième jour, le petit billet m'est remis par mon portier... J'éprouve un mouvement de joie en le recevant... Que nous sommes enfans!... désirer une lettre de quelqu'un qu'on ne connaît pas!... qui probablement ne veut que se moquer de nous... Qu'importe? le principal est que cela nous amuse.

Voyons vite ce qu'on m'écrit.

« Toujours pas de réponse de vous :
» c'est bien mal, monsieur, quand une
» femme prie, quand elle demande avec
» instance un mot qui lui dise qu'on a bien

» reçu ses lettres, peut-on lui refuser
» cette légère faveur? est-ce parce que je
» ne consens pas à vous voir? ce n'est
» pourtant pas que je n'en aie grandement
» envie; mais ma position... le monde...
» j'ai tant de choses à craindre, à ména-
» ger, vous devriez comprendre tout
» cela, vous, monsieur, qui lisez si bien
» dans le fond des cœurs. Allons, ne
» soyez plus fâché, écrivez-moi ; j'ai tant
» de plaisir à recevoir une lettre de vous.
» Savez-vous que votre peu d'empresse-
» ment à me répondre pourrait me don-
» ner une idée peu avantageuse de votre
» galanterie? Hâtez-vous de la dissiper
» et de vous réhabiliter dans mon es-
» prit. »

Je prends la plume, et je trace cette laconique réponse.

« Madame, ne connaissant pas la per-

» sonne qui m'écrit, il m'est bien per-
» mis d'être défiant; vos lettres sont fort
» aimables, mais je n'ai ni le temps, ni
» le désir d'entretenir une correspon-
» dance avec quelqu'un qui refuse de
» m'accorder un entretien, et qui paraît
» craindre de se compromettre en cau-
» sant avec moi. Je ne répondrai donc
» plus un mot avant d'avoir vu la per-
» sonne qui m'écrit. »

Je fais partir ma réponse, et maintenant, madame, écrivez-moi deux fois par jour si cela vous amuse, je vous certifie que je ne répondrai plus à moins que n'acquiesciez à ma demande.

Mais j'y songe!... si ces lettres venaient de Juliette!... elle les aurait donc fait écrire par une autre?... elle ne les a certainement pas dictées, non plus; car le style n'a aucun rapport avec celui de ses contes moraux. Dans quel but Juliette m'aurait-elle fait écrire?.. pour s'amuser à mes dépens?.. tâcher de me rendre ridicule?.. c'est possible... raison de plus pour ne pas répondre à l'avenir; j'aurais pourtant été curieux de connaître celle qui m'écrit.

Une semaine se passe. On m'a écrit trois fois; les lettres sont charmantes, il y a dedans de l'esprit, du sentiment, une originalité qui vise à la philosophie... Nous avons beaucoup de dames philosophes maintenant. On me supplie de répondre, mais je suis cuirassé : je ne répondrai pas.

La semaine suivante pas un seul billet!... Il paraît que c'est fini ; cette dame a pris son parti ; elle a bien fait : c'est une aventure qui n'a pas été jusqu'au bout, c'est moins commun que les autres. Si elle cause aussi bien qu'elle écrit, elle doit être fort aimable cependant; mais maintenant je veux me figurer qu'elle est horrible, affreuse, et que c'est pour cela qu'elle n'a pas voulu se laisser voir; car j'avoue que je m'ennuie un peu après les aimables lettres que je m'habituais si bien à recevoir. Mais que devient donc cet Adolphe?.. depuis quinze jours je ne l'ai pas aperçu une seule fois!

Je me disais cela en traversant le passage de l'Opéra. Au détour du boulevart, un monsieur et une dame, qui se donnent le bras, entrent dans le passage comme j'en sortais : nous nous cognons presque... Dois-je en croire mes yeux?.. c'est Adolphe avec... avec Juliette!... Oh! c'est bien Juliette qui a son bras passé sous le sien.

Je reste tout ébahi... il y a des choses qui m'étonnent toujours; et cependant, comme le dit fort bien je ne sais plus quel sage... dans ce monde il ne faut s'étonner de rien...

Adolphe baisse la tête et les yeux; Juliette au contraire laisse échapper un sourire de triomphe; ils continuent leur chemin... Dieu me garde de les arrêter!.. Allez, mon pauvre Adolphe, allez avec Juliette! Comment ai-je pu être une fois assez sot pour penser que je l'emporterais sur elle.

Le lendemain, de grand matin, je vois arriver Adolphe, l'air embarrassé suivant son habitude, et ne voulant pas le paraître; il rit en m'abordant, mais ce rire n'est pas naturel.

« Eh bien! dites donc, monsieur Ar-
» thur, vous m'avez vu hier... hein?...
» en voilà une bonne, n'est-ce pas? Je

» suis sûr que vous avez été bien sur-
» pris de me voir... avec Juliette...—
» Dans le premier moment je conviens
» que cela m'a étonné ; mais en réflé-
» chissant un peu je n'y ai rien vu d'ex-
» traordinaire ! — J'espère que vous ne
» pensez pas que je me sois remis avec
» elle?... oh! quant à cela il n'y a pas
» de danger!...—Moi je ne pense plus
» à ce qui ne me regarde pas!... Vous
» êtes libre de vos actions ; je vous ai
» quelquefois donné des conseils... parce
» que j'avais de l'amitié pour vous :
» vous ne les avez jamais suivis ; désor-
» mais je ne me permettrai plus de vous
» en donner. — Mais pourquoi donc ce-
» la?... vous auriez tort... j'apprécie vo-
» tre amitié... Je vais vous dire comment
» il se fait que vous m'avez rencontré
» avec Juliette.—C'est inutile, Adol-

» phe, je vous répète que vous n'avez
» point de compte à me rendre.—Moi
» je veux vous en rendre... je tiens à ce
» que vous ne me preniez pas pour une
» girouette. Je venais des Champs-Ély-
» sées...j'allais même chez vous, lorsque
» sur le boulevart de la Madeleine, j'ai
» rencontré madame Ulysse. J'allais pas-
» ser après lui avoir lancé un regard...
» oh, mais un regard... foudroyant!...
» apparemment que mon coup d'œil
» l'avait bouleversée, elle a couru après
» moi, et m'a arrêté en me disant: Mon-
» sieur, il n'est pas permis de regarder une
» femme aussi malhonnêtement... je veux
» que vous me disiez ce qui vous donne
» le droit de me fixer ainsi. Là-dessus vous
» pensez bien que je suis resté d'abord
» pétrifié!... mais bientôt, me remettant,
» je lui en dis... je lui en dis!... enfin je

» l'accable de reproches! Après m'avoir
» écouté tranquillement, elle me ré-
» pond : C'est très-mauvais genre de s'ar-
» rêter pour causer sur le boulevart, con-
» duisez-moi un bout de chemin, j'ai à
» vous parler aussi. Et, sans attendre ma
» réponse, elle me prend le bras et m'en-
» traîne. Ma foi, je vous avoue que je ne
» savais plus que faire... lui quitter le
» bras malgré elle sur le boulevart...
» tout le monde nous aurait regardés!..
» avec ça qu'elle me tenait ferme!... j'ai
» donc été obligé de l'accompagner... et
» voilà pourquoi vous nous avez rencon-
» trés ensemble.

»—Tout cela me paraît fort simple!...
» Adolphe, avez vous vu le dernier ta-
» bleau *du Diorama, la Forêt noire?*...
» Comme c'est beau!... cet effet de lune...
» ce reflet sur les arbres... hein?... n'est-
» ce pas la nature même?

» — Oui... oui... c'est la nature!...
» c'est... superbe... dans le fond elle
» n'est peut-être pas aussi coupable qu'on
» pourrait le penser d'abord... Elle ne
» dissimule pas ses torts, oh! elle n'en
» cache aucun... quant à cela, c'est même
» une justice à lui rendre, elle se ferait
» plutôt plus coupable qu'elle ne l'est!

» — Qui donc? la *Forêt noire*?

» — Je vous parle de Juliette.—Mais
» moi je vous parlais du Diorama...—
» Certainement je ne veux pas la justi-
» fier! pourtant voilà une chose bien
» singulière, elle m'a assuré qu'elle ne
» m'avait jamais autant aimé que le
» jour où elle m'a trompé; concevez-
» vous cela?...

» — Il y a une nouvelle pièce à l'Opéra-
» Comique qui a eu un grand succès...
» l'avez-vous vue?...

» — Non pas encore... On dit qu'il y
» a des femmes si bizarres !... qui ont...
» comme ça... des momens... des va-
» peurs... pendant lesquels elles se lais-
» sent faire des choses... dont elles sont
» très-fâchées ensuite... car enfin, nous
» ne sommes pas de fer !... Juliette avait
» les larmes aux yeux en me parlant...
» elle m'a dit qu'elle n'avait pas pris la
» valeur d'un poulet sauté depuis que
» je l'ai quittée... je crois qu'elle exagère
» un peu... l'avez-vous trouvée maigrie?

» — Adolphe, vous devriez vous aper-
» cevoir que je ne veux plus m'occuper
» de Juliette !... faites ce que vous vou-
» drez !... Aimez-la, reprenez-la !... mais
» ne m'en parlez plus. Si cette femme
» n'était que coquette, volage comme
» mille autres, je serais le premier à
» l'excuser. Mais je la crois méchante,

» vindicative... je la soupçonne d'avoir
» fait le malheur d'une personne que
» j'adorais, et je ne puis le lui pardon-
» ner...—Bah!... comment donc cela?—
» Encore une fois ne me parlez plus de
» Juliette... moi, je ne varierai jamais
» sur ce que je pense d'elle; en cela nous
» ne nous accordons pas.

» —Oh!... du reste... je n'ai nulle
» envie de... me remettre avec elle; bien
» loin de là!... Mais je ne la crois pas si
» méchante que vous le pensez... c'est
» une... évaporée... qui dit une chose...
» et tournez la main elle n'y songe plus!...
» mais que je l'aime... que je la re-
» prenne... ah! par exemple... Adieu,
» monsieur Arthur. Je vais chez mon
» correspondant toucher ma pension... je
» viendrai vous voir.—Adieu, Adolphe.
» — Nous causerons... d'autre chose. »

Il s'en va. Pauvre niais!... qui croit que je ne lis pas dans le fond de son ame.... Avant huit jours je gage qu'il se sera remis avec Juliette, si ce n'est pas déjà fait.

CHAPITRE X.

LE PASSAGE VENDÔME.

J'allais sortir après Adolphe que j'ai laissé partir seul, ne me souciant pas qu'il me parlât encore de Juliette. Ma portière me remet une lettre... C'est de mon inconnue; j'ai reconnu la forme, l'écriture du billet. Je sens mon cœur battre... presque aussi fort que lorsqu'on

me donnait une lettre de Clémence !...
Que voulez-vous, ce n'est pas ma faute;
mais le plaisir passé est si peu de chose
devant le plaisir présent !...

Je remonte bien vite chez moi, pour
lire tout à mon aise ce qu'on m'écrit :

« Il faut donc vous céder, monsieur,
» puisque c'est le seul moyen de vous
» plaire. Eh bien ! je vous l'accorde, ce
» rendez-vous que vous paraissez tant
» désirer; mais où? quand? J'espère que
» vous ne supposez pas que j'irai chez
» vous ; et comment se reconnaître, s'a-
» border entre deux personnes qui ne se
» sont jamais vues ? Est-ce que l'on va se
» dire : C'est moi; est-ce vous? Levez ces
» difficultés, et je suis prête; mais je
» vous préviens que je n'irai pas seule
» au rendez-vous que vous me don-
» nerez. »

Je me mets à mon bureau et je réponds :

« Ecrivez-moi le jour où vous pourrez
» être au passage Vendôme, ou à tel au-
» tre endroit que vous voudrez, l'heure
» qui vous conviendra. Tenez à votre
» main un rouleau de papier ou un li-
» vre ; détaillez-moi bien quelle sera vo-
» tre toilette, votre coiffure. Moi, je
» tiendrai à ma main un foulard rouge.
» Avec tous ces documens, il est impossi-
» ble de se tromper. »

Je cours mettre moi-même cette lettre à la poste, et j'attends avec impatience la réponse. Je vais donc la connaître cette femme qui écrit si bien... Je l'ai emporté ! elle cède... je commence à penser que cette aventure finira comme toutes les autres.

Ce qui me contrarie, c'est qu'elle ne

veuille pas venir seule; ordinairement on n'a pas besoin d'un tiers dans ces sortes d'entrevues. Qui diable veut-elle donc amener?... ce ne peut pas être son mari... ce serait plaisant! ah! qu'ai-je dit là! Pourquoi seulement supposer que ce soit une femme mariée? est-ce que ces dames commettent jamais de pareilles inconséquences, cèdent à de telles fantaisies! Enfin, nous verrons ce témoin; il n'est sans doute pas bien redoutable, et, si je ne déplais pas trop, on n'aura pas la barbarie de l'emmener à un second rendez-vous. Bref, j'arrange les choses le mieux du monde : je vais trouver une femme jeune, jolie, spirituelle, que j'adore d'avance; je lui plairai, elle me cédera, et nous formerons une liaison délicieuse que le mystère rendra plus piquante! Cela expose à bien des désappointemens de voir tout en rose; mais cela rend heureux quelque temps, et c'est une compensation.

J'attends avec impatience une réponse de mon inconnue; je me flatte que c'est la dernière lettre que je recevrai d'elle avant de la voir : elle ne se fait pas attendre; on ne m'écrit que ces mots :

« Je serai demain à midi au passage
» Vendôme; ma sœur m'accompagnera.
» Nous aurons toutes deux la même toi-
» lette : chapeau de paille d'Italie, ru-
» ban blanc, robe blanche, schall rouge.
» Moi, je tiendrai un rouleau de musi-
» que à ma main. Soyez exact; ne faites
» pas attendre deux dames. »

Je n'aurai garde de les faire attendre! je serai au rendez-vous avant l'heure. Je suis bien aise de savoir que c'est une sœur qui accompagnera mon inconnue.

Cela n'a rien d'effrayant une sœur, bien au contraire ; et, même, si elle est jolie, cela peut rendre l'aventure plus sentimentale... Après tout, qu'est-ce que je cherche, moi ? quelques scènes de mœurs, quelques tableaux de genre pour faire un chapitre.

Le jour est venu. Je fais ma toilette, et je ris en moi-même, tout en m'habillant, car plus le moment approche et plus je pense que je puis être totalement trompé dans mes espérances. Je vais peut-être trouver deux femmes vieilles et ridicules... qu'importe ! je serai le premier à rire de l'aventure. Rendons-nous au passage Vendôme.

Je saisis cette occasion pour recommander ce passage à ceux qui ont quelques rendez-vous amoureux à donner. Le passage Vendôme est d'autant plus commode, qu'il n'y passe presque personne; vous êtes là comme chez vous ; bien différent de ces passages où la foule abonde, où les jeunes gens vont se promener pour regarder les demoiselles de boutique; où les étrangers se donnent rendez-vous; où les dames vont faire des emplettes, et qui retentissent sans cesse du bruit des piétons; le passage Vendôme est calme, silencieux ; conduisant du boulevart du Temple à la rue de Vendôme, qui, pour sa gaîté, ressemble à une rue de Versailles; ce passage voit rarement sous son vitrage plus de six personnes à la fois. Les jeunes gens ne vont pas regarder dans les boutiques, parce que la moitié des boutiques n'est pas louée. Dès que vous entrez dans ce passage, vous pouvez voir sur-le-champ si la personne que vous cherchez est arrivée. Si vous vous y promenez, vous ne serez pas coudoyé par les passans ; on ne vous marchera ni sur les pieds, ni sur les talons. Quelques paisibles habitans du Marais, qui circuleront près de vous, ne se permettront pas de vous regarder avec cette expression maligne et curieuse qui embarrasse une dame ; enfin, si vous voulez vous arrêter, flâner un peu, il y a un marchand de caricatures, je crois même qu'il y a une modiste, mais je ne vous l'assurerai pas. Je vous le répète, c'est un endroit délicieux pour les rendez-vous galans.

Après cela, vous dire qu'il en sera toujours ainsi, c'est ce que je ne puis affirmer. Ce passage deviendra peut-être aussi brillant que celui des Panoramas, aussi populeux que le Véro-Dodat ; les bonnes gens disent que Paris ne s'est pas fait dans un jour. Allez donc là, tandis qu'il n'y a personne. »

M'y voici arrivé. Du boulevart j'ai donné mon coup d'œil; pour l'instant il n'y a dans l'intérieur que le gardien, un vieux bon homme et une cuisinière; mais il n'est pas encore l'heure, j'ai voulu arriver un peu avant; il ne faut jamais faire attendre une dame... et j'en attends deux; j'aimerais mieux n'en attendre qu'une.

Je me promène sur le boulevart; j'ai le temps de voir le passage, je le sais par cœur. Comme j'ignore par quel côté on arrivera, je ne puis aller au-devant de ces dames; attendons. Cinq minutes s'écoulent, puis cinq autres, l'heure est venue, et je ne vois pas ces dames; j'en serai peut-être pour ma course. De désespoir, je vais faire un tour dans le passage.

Je regarde... je ne sais quoi ! je fais semblant de regarder, j'ai un œil vers l'entrée du boulevart, et l'autre sur celle de la rue de Vendôme, ce qui doit vous faire présumer que je louche. Je vous prie de croire que ceci n'est qu'une métaphore.

Par-ci par-là une dame se présente... mais elle est seule, et il m'en faut deux. J'examine cependant, car on pourrait avoir changé d'avis. Ce n'est pas cela... ça ne peut pas être cela. Oh !... deux dames viennent de déboucher par la rue de Vendôme... Mon cœur bat... je cours de ce côté, car ayant la vue très-basse, il me faut être tout près des personnes pour bien distinguer leurs traits, ce qui m'a fait commettre plusieurs fois de singulières méprises.

Me voici près de ces deux dames... Ah ! mon Dieu ! c'est pour le moins une honnête rentière de soixante-dix ans qui donne le bras à sa vieille domestique, laquelle tient avec fierté deux merlans suspendus à un bouchon de paille, et une oie à demi enveloppée dans un fragment du *Moniteur*. Probablement la rentière traite aujourd'hui, et elle aura voulu accompagner sa cuisinière au marché.

Je laisse passer les respectables antiquités. Je me retourne avec un peu d'humeur... Je me trouve devant M. Lubin... je veux passer sans faire semblant de le voir; mais l'homme de lettres m'a reconnu et m'arrête.

« Ah! monsieur, je suis bien charmé
» d'avoir l'avantage de vous rencontrer...
» —Moi de même, monsieur... J'ai l'hon-
» neur de... — Monsieur, il fallait que
» je vous visse... que je vous parlasse...
» que je vous demandasse des conseils,

» c'est au sujet de mon *Chaos*, que j'ai
» constamment dans la tête... il m'est
» venu l'idée d'en faire une pantomime
» équestre pour chez Franconi : j'en ai
» parlé à quelques écuyers de ce théâtre,
» ils m'ont dit qu'en effet ce serait fort
» joli de voir arriver les Vents à cheval...
» — Monsieur Lubin, je suis bien fâché
» de ne pouvoir vous entendre en ce mo-
» ment, mais je suis pressé. »

Je viens d'apercevoir des dames du côté du boulevart, et il me tarde de me débarrasser de cet insupportable personnage, mais il s'attache à moi ; en me criant : « Monsieur, cela m'arrangera
» davantage d'aller chez vous... mais
» votre portière me dit toujours que vous
» n'y êtes pas...—Pardonnez-moi, mon-
» sieur Lubin, venez... j'y serai tantôt.
» — Il faudrait que je tombasse malade

» pour que je manquasse à ce rendez-
» vous, monsieur. »

J'ai dit tantôt, pour me défaire de cet homme. Il me laisse libre enfin ! Voyons ces dames... en voilà deux qui se donnent le bras... Approchons... robe blanche... chapeau de paille... mises de même toutes deux... Oh ! c'est cela... je n'ose plus aller si vite... je désire et je crains de regarder... c'est pourtant le moment d'examiner; elles ne m'ont point encore aperçu.

Ciel! qu'ai-je vu!... une figure horrible! un nez difforme, des yeux que l'on aperçoit à peine tant ils sont petits et renfoncés, une bouche désagréable, des dents noires, un teint jaune, livide; je ne peux pas dire que l'ensemble soit commun : c'est si laid, que cela en est distingué; mais c'est terriblement laid !

Dans ma douleur, je n'ose pas regarder l'autre dame... il faut tout voir cependant... Ah! quel contraste! Je reste saisi, charmé, enchanté!... Que l'on se figure des traits aussi jolis, aussi séduisans que les autres sont repoussans et laids. Un profil grec, une bouche... des dents... tout cela parfait!... et des yeux bruns si beaux, si grands, si malicieux! des cheveux noirs comme le jais, des sourcils bien dessinés, enfin une femme adorable, une femme que l'on ne saurait voir passer sans se retourner pour la regarder encore, sans se la rappeler, sans y rêver!... C'est au-dessus de tout ce que j'avais imaginé; et avec cela vingt-cinq ans au plus... L'autre est jeune aussi, mais cela m'est bien égal.

Tout à coup un souvenir me fait tressaillir : quelle est celle qui tient le rouleau de musique?... Ah! je respire, je renais... c'est la jolie femme. Oh! ce ne pouvait être qu'elle; quand on est aussi laide que l'autre, ce serait un guet-apens de donner un rendez-vous.

Ces dames m'ont vu, elles chuchottent, semblent troublées... Le commencement d'une telle entrevue est toujours un peu embarrassant. Moi-même, quoique j'aie assez d'habitude, je ne sais plus trop comment aborder ces dames. Cependant je ne dois pas les laisser dans cette position : ce n'est pas à elles à me parler les premières... mais ordinairement on n'a affaire qu'à une seule dame... ça marche mieux.

Je m'approche gauchement, et, m'adressant comme de raison à celle qui tient le rouleau de musique, je balbutie :

« Je vous attendais, madame; car je

» pense que c'est vous qui... que... »

Je ne sais plus comment finir... Alors je ne finis pas. Mais, suivant l'usage, on me répond sur-le-champ :

« — Ah! vous êtes monsieur Arthur?
» — Oui, madame. — Nous ne voudrions
» pas rester dans ce passage. — Venez...
» nous allons entrer quelque part... Au
» Jardin Turc? On peut y causer, s'y
» reposer sans être dérangé. — Oh!
» non... Je ne veux entrer nulle part.
» Promenons-nous sur le boulevart, si
» vous voulez? — Tout ce que vous
» voudrez, madame; accepterez-vous
» mon bras? — Non... ce n'est pas la
» peine; on peut très-bien se promener
» sans se donner le bras; d'ailleurs, j'ai
» celui de ma sœur. — Ah! oui.. ce n'est
» pas ce qui m'amuse le plus. »

J'ai dit ces derniers mots à demi-voix,

mais de façon à être entendu de la jolie dame qui sourit, regarde sa sœur, et lui parle bas; puis elles se dirigent du côté des boulevarts en remontant vers la place Saint-Antoine.

Je marche près de ces dames; je les regarde de côté; elles en font autant. Pendant quelques minutes nous allons ainsi sans nous rien dire. C'est bien la peine de tant prier une personne de vous accorder un rendez-vous pour y être si peu aimable!.. Voilà ce qu'elle pense sans doute. Patience! cela deviendra plus intéressant.

On est toujours très-bête au commencement de ces sortes d'entrevues; du moins c'est l'effet que cela me produit; heureusement on n'est pas forcé de rester dans le même état. D'abord on s'examine, c'est naturel. Je trouve cette dame charmante, mais l'air un peu prétentieux.. un peu bégueule même; et, dans une telle circonstance, il me semble que c'est ridicule. Lorsque dans ses lettres on montre de la franchise, de l'abandon, du *laisser-aller*, pourquoi ne pas être de même dans sa conversation. En m'accordant ce rendez-vous, cette dame aura peut-être pensé que je prendrai d'elle une mauvaise opinion, et, pour me l'ôter, elle affecte une réserve, une retenue qui semblent m'avertir que je dois perdre toute espérance coupable.

Mais les grands airs ne m'imposent point! je sais qu'ils ne prouvent rien. D'ailleurs, quand on a écrit la première à un homme que l'on ne connaissait pas, puis, qu'on lui accorde un rendez-vous, quoique ce puisse bien n'être que par un simple motif de curiosité, et que l'on n'ait pas l'intention de former une liaison plus intime, ce n'est pourtant pas le cas d'aborder les gens du haut de sa grandeur et de peser jusqu'à ses moindres paroles.

Plus les personnes affectent de la cérémonie, plus je suis sans façons avec elles. J'ai aussi une malheureuse habitude qui m'a fait du tort dans l'esprit de bien des dames.

Je chante, ou, pour mieux dire, je fredonne à chaque instant : c'est sans y penser, sans le savoir moi-même ; car il m'est arrivé d'éprouver de vives contrariétés, d'avoir des chagrins profonds, et cela ne m'empêchait pas de chanter tout en soupirant. Mais figurez-vous une personne qui me conte quelque chose, et qui, pendant qu'elle parle, m'entend fredonner un couplet ou une contre-danse.

C'est fort malhonnête, je le sens bien ! J'ai cent fois juré que cela ne m'arriverait plus... que je me corrigerais de cette maudite habitude, mais :

Chassez le naturel, il revient au galop !

Je remercie cette dame de ce qu'elle a bien voulu m'écrire d'obligeant sur mes ouvrages ; c'est une manière d'entamer la conversation. Elle me répond, mais cela ne va pas loin ; l'entretien est toujours prêt à tomber. Nous avons l'air contraint tous les deux. Je voudrais que cela s'animât... cette dame ne s'y prête pas. Je sais bien que la première fois que l'on se voit, on ne peut pas être tout de suite comme avec une ancienne connaissance... Quel dommage ! et que de temps on perd à faire de la diplomatie au lieu de se laisser voir tel qu'on est... Il est vrai que bien des gens n'y gagneraient pas.

Tout à coup ces dames partent d'un éclat de rire. Il me semble cependant que nous ne disions rien alors... Qui peut donc provoquer leur gaîté? Ah! je devine : c'est ma maudite habitude!... Je chantais entre mes dents et sans m'en apercevoir.

« Il paraît que vous aimez beaucoup
» à chanter, monsieur, » me dit la jolie femme en souriant d'un air moqueur.

«—Ah! madame, je vous demande mille
» pardons, c'est sans y songer... Je con-
» viens que c'est très-ridicule... — Mais
» vous pensez qu'il vous est permis d'en
» avoir? — Non, madame, je ne vois pas
» pourquoi cela me serait plus permis
» qu'à d'autres! Tenez, dans ce moment,
» je pense... que vous auriez bien dû ve-
» nir sans votre sœur! — Pourquoi cela?

» Ma sœur ne nous empêche pas de cau-
» ser, il me semble?—A vous, madame,
» je conçois que cela ne fasse rien ; mais,
» moi, je vous avoue que cela me gêne
» beaucoup. Puisque vous aviez assez
» bonne opinion de moi pour m'accor-
» der un entretien, fallait-il y mettre
» cette entrave? Ne pouviez-vous y ve-
» nir seule? c'eût été me témoigner une
» confiance entière... et je n'en aurais
» pas abusé. — C'est possible ; mais je ne
» vais jamais nulle part sans ma sœur.
» — Jamais? — Non, monsieur. »

Voilà un jamais qui est bien long! Je commence à ne pas être fort satisfait. Si cette dame croit que je me contenterai d'arpenter les boulevarts à côté d'elle et de sa sœur!... Elle est bien jolie cette dame, mais il faut lui arracher les paroles.

La sœur vient de dire quelques mots, je ne suis pas fâché qu'elle parle, cela soutiendra notre conversation qui ne s'anime pas du tout. C'est dommage qu'elle soit si laide, cette pauvre dame ou demoiselle, car sa voix est douce comme celle de sa sœur : c'est absolument le même timbre, mais quelle épouvantable figure !

Nous sommes arrivés au bout des boulevarts, à la place de l'éléphant. La sœur a un peu parlé. Je voudrais parvenir à faire rire ces dames, parce que la gaîté bannit plus vite la cérémonie. Mais il faut avant tout que je tâche de glisser quelques mots tout bas, à celle près de qui je marche.

« Ne pourrai-je donc vous parler que
» sur le boulevart ?—Il me semble qu'on
» y est très-bien pour causer.—Ne vous
» reverrai-je pas ? — peut-être !... je ne

» puis vous promettre. — Mais seule?
» — Oh! non, je vous ai dit que je n'al-
» lais pas seule. Je suis en tutelle. —
» C'est une plaisanterie! une femme fait
» toujours ce qu'elle veut, et si vous le
» vouliez bien...—Mais à quoi bon?... »

Allons! voilà la sœur qui nous interrompt pour parler de je ne sais quoi. Ce vilain laideron semble être terriblement curieux.

Au bout de quelques minutes, je reprends tout bas :

« Demeurez-vous dans ce quartier?
» — Je ne puis vous le dire. — Êtes-
» vous... mariée? — C'est possible. —
» Que vous ne me disiez rien de ce qui
» vous concerne, je n'ai pas le droit de
» m'en plaindre; mais que vous refusiez
» de m'accorder un moment de tête-à-
» tête... il me semble que je pouvais es-

» pérer davantage des lettres charman-
» tes que vous m'avez écrites?....

Elle ne répond pas; elle se contente de rire. Nous avons retourné sur nos pas. Ma foi, après tout, si elle croit que je vais lui faire la cour à la manière des anciens chevaliers, et que je me contenterai, après une année de connaissance, de lui presser le bout du doigt, elle se trompe totalement. Je trouve la vie trop courte pour mener ainsi les aventures. Mais je prends vite mon parti; et puisqu'on ne veut pas que je parle d'amour, nous allons causer d'autre chose.

Une fois cette détermination prise, je ne sais comment cela se fait, mais la conversation devient plus animée. Je dis tout ce qui me passe par la tête : c'est singulier comme on est plus facilement aimable quand on ne cherche pas à l'être! La jolie femme rit, la sœur en fait autant; depuis quelques minutes nous jasons, nous plaisantons comme d'anciennes connaissances, et nous commençons à être très-bien ensemble, lorsqu'il faut se séparer.

C'est la sœur qui dit la première : « Il » est temps de rentrer, Adèle, quoi- » qu'on ne s'ennuie pas avec monsieur, » il faut se quitter pourtant. »

Adèle!... je sais qu'elle se nomme Adèle : c'est toujours quelque chose. « Déjà partir! » lui dis-je?

« Oui, et, de plus, nous exigeons » votre parole d'honneur que vous ne » nous suivrez pas...

» — Je vous la donne, madame; mais » pour tant d'obéissance n'obtiendrai-je » donc rien à mon tour ? — Et que dé- » sirez-vous? — Vous le devinez bien!

» vous revoir, c'est un désir qu'il est
» impossible de ne pas former, quand
» on a eu une fois ce bonheur. —
» C'est par pure galanterie que vous
» me dites cela! — Non, je vous assure
» que je ne suis pas galant, et si je ne
» pensais pas cela, je ne vois pas ce qui
» m'obligerait à vous le dire. »

Ces dames causent un moment tout bas, bientôt la charmante Adèle me dit :

« Nous irons après-demain au théâtre
» de la Porte-Saint-Martin, si vous vou-
» lez y venir, nous serons dans une loge,
» rien ne vous empêchera de vous pla-
» cer près de nous, si cela vous est agréa-
» ble. — Oh! vous n'en doutez pas, ma-
» dame! — Eh bien, alors, au revoir...
» Mais ne nous suivez pas !... — Je vous
» l'ai promis, et pourquoi le ferais-je? je

» ne veux devoir votre connaissance qu'à
» votre seule volonté. »

Ces dames s'éloignent par une rue latérale. Je reste encore quelque temps sur le boulevart, rêvant à notre entrevue. Cette Adèle est fort jolie... Il est fâcheux qu'elle ne cause pas aussi bien qu'elle écrit... mais il ne faut pas juger sur un premier entretien. Je n'avais pas espéré une figure plus séduisante, mais j'avoue que j'espérais plus de sentiment, de sensibilité... quelque chose de plus original dans son esprit... dans ses pensées; j'aurais même voulu un peu de mélancolie dans le son de sa voix. Au lieu de cela, cette dame rit en montrant des dents superbes. Dans sa gaîté, il y a quelque chose de moqueur; et rien dans ses yeux qui décèle pour moi ce penchant que ses lettres semblaient m'avouer. Je n'ose encore me flatter que cette aventure sera une bonne fortune. Ensuite, je puis très-bien ne pas plaire à cette dame. D'après les ouvrages qui nous ont charmés, on se représente quelquefois l'auteur comme on le voudrait... et quand on le voit, ce n'est plus le personnage que l'on s'était figuré! Cependant ne perdons pas toute espérance, on m'a donné un second rendez-vous.

Je vais faire différentes courses, je vais dîner, j'entre le soir dans plusieurs théâtres, puis au café, enfin je ne rentre chez moi qu'à minuit passé; on se disputait dans la loge de ma portière. C'est M. Lubin que l'on voulait obliger à s'en aller et qui persistait à rester pour m'attendre.

Le descendant de la belle Féronnière s'écrie en me voyant : « N'est-il pas vrai,

» monsieur, que vous m'aviez donné
» rendez-vous pour tantôt, qu'il fallait
» que je vous attendisse. — Eh! mon-
» sieur, ne me laisserez-vous jamais en
» repos!... Suis-je donc obligé d'écouter
» vos rêves creux, d'entendre vos pro-
» ductions?... est-ce qu'il y a une loi qui
» force un citoyen à perdre son temps,
» parce qu'il plaira à d'autres de venir
» l'importuner? Je ne puis ni ne veux
» rien faire de vos manuscrits; ainsi,
» croyez-moi, monsieur Lubin, ne per-
» dez plus vos pas à venir chez moi. »

Je monte mon escalier en achevant ces mots. Il m'a fallu prendre sur moi pour parler ainsi à cet homme; mais, après tout, les gens qui travaillent ne peuvent pas être toujours à la disposition de ces assommans personnages, qui prennent pour une vocation naturelle l'obstination qu'ils mettent à coucher des turpitudes sur le papier, et j'ai de M. Lubin par-dessus la tête.

Ce monsieur reste tout saisi de ma brusque sortie. Je ne l'entends pas murmurer que cela l'arrange ; mais il se dirige vers la porte cochère, en s'écriant : « Je n'aurais jamais pensé que l'on se » conduisît comme cela entre confrères! »

Et mon portier s'empresse de refermer la porte sur lui, en criant : « Va » donc! avec ton *Chaos*... vieux gâcheur » d'encre !... est-ce qu'il ne ferait pas » mieux de repriser ses coudes ?... va, » tu n'auras jamais autant d'esprit que » ma perruche !... »

CHAPITRE XI.

UNE JOURNÉE.

Il y a toute une journée à passer avant d'être à celle qui doit me rapprocher de la séduisante Adèle; qu'il semble long le temps qui nous sépare d'un événement vers lequel se dirigent toutes nos pensées ! nous voudrions trouver mille moyens pour l'abréger!... Pauvres fous que nous sommes!... Nous nous plaignons quelquefois de la courte durée de la vie humaine, et sur soixante ans que nous avons vécu, il y a toujours au moins trente années que nous aurions existé de moins, si le Ciel avait exaucé le désir continuel que nous avons de vieillir, pour atteindre plus tôt ce bonheur après lequel nous courons toujours.

Mais toute personne qui cultive les arts peut aisément tromper la longueur du temps : Prenez une plume, des pinceaux, ou placez-vous devant un piano : voilà les meilleures distractions, voilà celles qui rendent les heures si courtes... Décidément mon père avait tort de vouloir m'empêcher d'être artiste.

J'ai travaillé, et ma journée s'est passée. Le soir, au moment où je vais pour sortir, on sonne chez moi... pourvu que ce ne soit pas M. Lubin!... oh! non! j'en suis débarrassé, je l'espère.

Je vais ouvrir... une femme qui a un grand voile par-dessus son chapeau entre et se jette dans mes bras avant que j'aie eu le temps de l'examiner... C'est Clémence!

Pauvre Clémence! je suis si surpris de la voir... je l'attendais si peu... je reste tout interdit... cependant je la conduis dans ma chambre ; elle me presse de nouveau dans ses bras, en s'écriant :

« Je te revois donc!... je puis t'em-
» brasser encore... Ah! mon ami! qu'il
» y a long-temps... sais-tu que voilà
» près de quatre mois que je ne t'avais
» vu... Ah ! que ce temps m'a semblé
» long !... Et toi, Arthur, ah ! dis-moi
» donc si tu as bien pensé à moi?...

» — Chère Clémence!... oui, certai-
» nement j'ai pensé à toi !... mais je ne
» m'attendais guère... au plaisir de te
» voir ce soir!...

» — Tu ne m'attendais plus !... tu
» pensais donc que c'était fini, que je ne
» reviendrais jamais... que j'avais pris
» mon parti... tu en étais bien aise peut-
» être?..

» — Ah! Clémence !... non... mais
» je veux dire que ta dernière lettre
» m'avait bien attristé... elle me laissait
» si peu d'espoir...

» —Mon ami, quand une femme veut
» bien quelque chose, il n'y a point
» d'obstacles qu'elle ne parvienne à sur-
» monter. Je suis surveillée, épiée, gar-
» dée, cela est vrai... Il m'a fallu atten-
» dre long-temps avant de trouver
» l'occasion d'échapper aux argus qui

» m'entourent, mais je me disais tou-
» jours : ils auront beau faire, je le re-
» verrai!... et sans cette espérance, au-
» rais-je pu supporter la triste existence
» à laquelle on me condamne!... Oh!
» non... il vaudrait mieux mourir... car
» je n'ai rien que toi qui m'attache à la
» vie... je n'ai pas un enfant qui me ca-
» resse, qui me console, et sur lequel je
» puisse reporter ma tendresse... Ah!..
» cela est bien vrai, Arthur, si vous
» cessiez de m'aimer, je regarderais la
» mort comme un bienfait! »

Pauvre femme! des pleurs coulent de ses yeux!... je m'empresse de les essuyer, de l'embrasser, de lui donner de nouvelles preuves de mon amour. Car je l'aime toujours cette chère Clémence, oh! oui, je l'aime bien... cependant... quelquefois... malgré moi... ma soirée de demain me trotte dans la tête... mais Clémence ne saura pas cela!... elle ne peut s'en douter!

Clémence a cessé de verser des larmes, ou celles qui humectent encore ses yeux ne sont plus causées que par l'amour et le plaisir. Elle tient une de mes mains dans les siennes et la presse tendrement en répétant encore : « Arthur, que je
» suis heureuse de me retrouver avec
» toi!... mais partages-tu mon bon-
» heur?

» —Peux-tu me demander cela!.. Ap-
» prends-moi donc comment tu as fait
» pour être libre ce soir ; car ta dernière
» lettre m'annonçait que l'on ne voulait
» plus te laisser sortir seule.

» —Oh! oui... Depuis que je ne t'ai
» vu, j'ai été bien malheureuse :
» M. Moncarville a reçu une lettre

» dans laquelle on lui a positivement dit
» que tu étais mon amant... il n'a pas
» voulu me la montrer cette lettre...
» j'ignore de qui elle vient... ce ne peut
» être que de cette femme qui m'a ren-
» contrée ici... ah! il faut qu'elle soit
» bien méchante cette femme!... ou
» bien jalouse de moi... et alors... c'est
» qu'elle a été votre maîtresse...

» —Je vous assure que cette femme
» ne m'est rien du tout...—A présent
» peut-être!... mais... enfin depuis que
» M. Moncarville a reçu cette lettre, il
» est cent fois plus grondeur avec moi.
» A chaque instant dans la journée, ce
» sont des plaintes... des injures... il me
» reproche de m'avoir épousée... et vous
» savez, Arthur, si je désirai cette al-
» liance. Pendant un mois on m'a gardée
» à vue, je ne pouvais sortir sans lui, et

» je préférais rester à la maison... en-
» suite on m'a permis de prendre l'air,
» mais accompagnée d'une vieille femme,
» parente de M. Moncarville... enfin au-
» jourd'hui... aujourd'hui seulement,
» M. Moncarville a dîné dehors, et sa
» vieille cousine, se trouvant indisposée,
» vient de se mettre au lit. Dès que je me
» suis vue libre, j'ai pensé à toi... et je
» suis accourue au risque de tout ce qui
» pourrait en résulter... car si l'on con-
» naissait ma démarche !... oh ! je serais
» perdue... M. Moncarville veut me faire
» enfermer, me chasser... m'accuser...
» que sais-je ?.. mais je brave tout cela...
» je ne pouvais plus exister sans te
» voir...

» Si je ne t'avais pas trouvé chez toi,
» j'aurais été bien malheureuse... je
» crois que je me serais assise sur le seuil

» de ta porte, que j'y aurais attendu ton
» retour... mais si tu étais revenu avec
» une autre... si tu ne m'aimais plus!...
» quelquefois cette pensée s'offrait à
» mon esprit; je la repoussais avec ef-
» froi... Oh! si, tu m'aimes encore, n'est-
» ce pas? tu ne songes pas à d'autres?...
» mais, mon Dieu!.. tu as l'air distrait...
» préoccupé. Il me semble que tu m'é-
» coutes à peine...—Je te jure au con-
» traire que je n'ai pas perdu un mot de
» ton récit!...—Ah! c'est singulier... tu
» me dis cela d'un air... pardonne-moi
» ces craintes... injustes sans doute; les
» chagrins ne rendent pas aimable... je
» t'ennuie peut-être...—Quelle idée!...
» c'est fort mal de me dire cela!—Et toi,
» qu'as-tu fait depuis que je ne t'ai vu...
» voyons... tu me contais tout autrefois...
» —Je n'ai rien fait... qui mérite d'être

» conté! — Et ton père?... — Depuis ce
» duel qu'il a empêché, je ne l'ai pas re-
» vu... je n'ai plus entendu parler de lui...
» — Quel homme singulier!... ne pas
» t'aimer... toi, son fils!... — Je ne suis
» plus qu'un étranger pour lui! — Et ton
» ami Adolphe?... — Je le vois fort peu...
» — Et cette femme... sa maîtresse?.. —
» Je crois qu'il l'a quittée... moi, je ne
» l'ai pas revue! »

Clémence me regarde et se tait. Elle jette souvent les yeux autour d'elle, puis elle les reporte de nouveau sur moi; son front se rembrunit, sa figure devient sérieuse; elle soupire. Je voudrais rompre le silence que nous gardons depuis quelques instans; mais je me sens embarrassé, je ne sais que dire... il me semble que Clémence lit au fond de mon ame, qu'elle voit ce qui se passe dans mon cœur, et cela me gêne pour parler.

« Mon Dieu!... tout me semble changé
» ici! » s'écrie Clémence au bout d'un
moment.

« —Changé.... mais vous vous trom-
» pez... tout est comme autrefois...

» —Oh! non... non... tout n'est plus
» comme autrefois!... — Cependant je
» n'ai fait aucun dérangement dans mon
» logement... ah! c'est-à-dire... ma bi-
» bliothèque est agrandie... j'ai ôté un
» meuble qui était là... voilà sans doute
» ce que vous n'aviez pas vu... »

Clémence laisse échapper un sourire
amer et ne répond pas. Ma pendule
sonne huit heures : je m'écrie inconsidé-
rément :

« Huit heures!... ah! je croyais qu'il
» était bien plus tard que cela!... »

Clémence se lève brusquement et va
prendre son chapeau et son châle.

« Vous allez partir? » lui dis-je en allant près d'elle. « — Oui... je m'en » vais... il est bien temps... — Est-ce que » vous craignez qu'on ne rentre de bonne » heure? — Je crains... beaucoup de » choses.. il faut que je m'en aille... bon » soir... — Eh bien!.. comme vous me » quittez!.. est-ce que vous ne voulez » pas m'embrasser?... — Je pensais que » c'était inutile. — Inutile!... mais qu'a- » vez-vous donc, Clémence?... — Je n'ai » rien. — Si... si, vous avez quelque » chose... levez donc les yeux... est-ce » que vous ne voulez plus me regar- » der?...

Elle s'obstine à les tenir baissés... mais je parviens à les rencontrer... de grosses larmes s'en échappent... Je presse Clémence dans mes bras en m'écriant : « Qu'est-ce que cela veut dire?... pour-

» quoi pleures-tu?.. qu'ai-je dit... qu'ai-
» je fait qui vous fasse pleurer?.. voyons,
» Clémence, je veux absolument que
» vous me répondiez...

» — Vous ne m'avez rien dit... je suis
» une enfant... je pleure malgré moi... »

Et elle appuie sa tête sur mon épaule pour pleurer tout à son aise; enfin elle essuie ses yeux et me serre la main en balbutiant :

« Adieu, Arthur, il faut que je vous
» quitte... — Mais du moins, Clémence,
» vous n'êtes pas fâchée... vous n'avez
» rien contre moi?... — Non... oh! je ne
» vous en veux pas... — Voulez-vous que
» je vous accompagne?... — Non... res-
» tez... on pourrait nous rencontrer en-
» semble... Adieu, Arthur... pensez...
» quelquefois à moi... si vous en avez
» le loisir... — Comme vous me dites

» cela... drôlement!...—Adieu... adieu,
» mon ami. ».

Elle me serre encore la main, puis elle s'échappe de mes bras, se sauve et ferme la porte sur elle me laissant tout ému, tout confus, affligé de ses larmes et fort embarrassé de ma conscience.

Est-ce qu'elle se serait aperçue que j'ai un peu pensé à une autre?.. qui aurait pu le lui faire deviner?... oh! les femmes ont un tact, une pénétration!.. pauvre Clémence!... elle m'aime tant!... elle s'expose à tout pour me voir... et je l'aime moins qu'autrefois!... c'est indigne!... je me battrais si je pensais que cela pût me corriger... mais cela ne me corrigerait pas!

Plus j'y réfléchis... Oui... j'ai été froid... embarrassé près d'elle... Je ne savais que lui dire... Et la laisser partir seule!.. lorsqu'elle pleurait encore, mon Dieu, à quoi pensais-je!... courons après elle... tâchons de la rattraper... d'essuyer ses larmes... jurons-lui bien que je n'aime qu'elle... trompons-la... c'est tout ce que je puis faire de mieux maintenant.

Je prends mon chapeau, je descends quatre à quatre mon escalier; arrivé dans la rue, je cours du côté où je pense rencontrer Clémence... mais je la cherche en vain... elle aura pris un autre chemin; il faut renoncer à l'espoir de la revoir...

Je cesse de courir et je reviens machinalement vers mon chemin d'habitude. Je suis bientôt devant le théâtre des Variétés, j'entre au spectacle, et je vais m'asseoir dans un fond de loge, toujours occupé de Clémence et ne faisant attention, ni au spectacle, ni aux personnes qui m'entourent.

Un grand éclat de rire me tire de ma rêverie, il est bientôt suivi d'un autre : ce rire semble affecté, on dirait que l'on veut se faire remarquer, attirer l'attention. J'étais sur le troisième banc d'une loge, je regarde pour la première fois les personnes qui sont devant moi.

Sur le premier banc sont placés un monsieur et une dame... la dame qui rit si bruyamment. Je porte les yeux sur elle... elle tournait alors la tête de mon côté... c'est Juliette, et le monsieur... oh! je le devine... je le reconnais; quoiqu'il ne tourne pas la tête et semble craindre de bouger... c'est Adolphe.

Je suis peu étonné de revoir Adolphe avec madame Ulysse... Depuis notre dernière rencontre, je ne doutais pas qu'il ne se remît avec elle; mais une véritable surprise m'était réservée. Un monsieur est assis sur la seconde banquette, et se dandine dessus, riant, gesticulant, faisant le joli cœur avec Juliette, et causant très-familièrement avec Adolphe : cet homme c'est M. Théodore ! J'avoue que ceci me passe, et que j'en douterais si je ne le voyais de mes yeux.

Se remettre avec une femme qui nous a trompé, c'est sans doute une grande sottise, car c'est vouloir être trompé de nouveau; du moins il y a de l'amour dans cette faiblesse, et l'amour nous aveugle, dit-on; mais revoir un homme qui nous a dupé tendre de nouveau la main à celui qui s'est joué de notre bonne foi, voilà ce que je ne puis concevoir : le mépris est un sentiment qui ne doit point s'effacer.

Juliette est radieuse; à chaque instant elle tourne la tête pour voir si je la regarde; mais je ne lui donne plus ce plaisir. Adolphe est comme un personnage de bois... il ne regarderait pas derrière lui pour un empire... ah! qu'il ne craigne point de rencontrer mes yeux... il me fait pitié, mais je ne veux point augmenter son embarras.

Le grand Théodore s'est tourné vers moi... il essaie un sourire... je crois qu'il a l'effronterie de me saluer. Je n'ai pas l'air de penser que son salut puisse m'être adressé. Voyant que je n'y réponds pas, il prend un air impertinent et me tourne le dos.

Juliette parle très-haut; si elle ne peut

m'obliger à la regarder elle veut me forcer à l'entendre :

« Donne-moi donc mon flacon, Adol-
» phe... tiens ma lorgnette un moment...
» il fait très-chaud ici... n'est-ce pas,
» monsieur Théodore?

» — Oui, charmante dame... on ou-
» vrira la loge si vous le désirez...—Oh!
» non... je ne hais pas la chaleur... et
» toi, Dodolphe?... eh bien! tu ne dis
» rien, mon petit... qu'est-ce que tu as
» donc?... est-ce que nous sommes bou-
» deur ce soir?... mais c'est que je ne
» veux pas qu'on boude, moi !... enten-
» dez-vous?... je ne veux pas!... »

Je ne puis entendre ce qu'Adolphe repond parce qu'il parle très-bas; mais probablement qu'il propose de changer de loge, car Juliette s'écrie:

« Ah bien! par exemple!... et pour-

» quoi donc changer de loge?... nous
» sommes si bien ici... je ne veux pas
» aller ailleurs... et je suis la maîtresse,
» j'espère... n'est-ce pas, petit Dodol-
» phe?... »

Petit Dodolphe ne souffle plus mot, mais il essuie avec son mouchoir de grosses gouttes de sueur qui coulent sur son visage. Juliette se tourne vers M. Théodore.

« Vous venez donc de voyage, mon-
» sieur?—Oui, belle dame, j'étais allé
» à la recherche de mon associé qui a
» pris la fuite avec tous les plans de mon
» entreprise... fuite qui m'a forcé de
» suspendre mon opération... Je suis
» indignement *floué*... c'est très-dés-
» agréable!...—Ah! vous êtes *floué!*...—
» Ce n'est pas tant l'argent de mes action-
» naires que je regrette, que le plan de

» mon bassin.—Vous alliez avoir un
» bassin?...—Dans des omnibus que
» nous aurions appelés *baigneuses*...
» une opération superbe!... salubre au
» dernier point!... On se serait baigné
» tout en faisant ses courses...—Ah!
» que j'aurais aimé ça!...—Nous avions
» déjà deux mille dames abonnées, et
» toutes femmes du meilleur genre!...
» On ne pouvait pas se baigner en ta-
» blier!—Est-ce que ça ne peut pas se
» refaire?—Oh! si fait!... je suis revenu
» à Paris pour renouer l'entreprise!...
» Je ne suis pas un gaillard à me laisser
» enfoncer ainsi... il ne me manque plus
» que des fonds; mais c'est la moindre
» des choses!... tout le monde m'en
» offre. Je tenais d'abord à revoir Dési-
» gny... à le rassurer sur ses actions...
» il aurait pu croire que j'avais disposé

» de ses fonds..., et je tiens essentiel-
» lement à son estime.....J'ai ton estime,
» n'est-ce pas, Adolphe? »

Adolphe fait un mouvement de tête sans se retourner.

« Dodolphe, est-ce que tu ne m'offri-
» ras pas une orange... ce soir? » dit Juliette en appuyant sa main sur le bras de Désigny, « ça me rafraîchirait la
» bouche... toi, qui es si galant ordi-
» nairement, va donc m'en acheter. «

Je ne sais pas ce qu'Adolphe répond, mais je vois fort bien qu'il ne bouge pas, et j'entends Juliette murmurer :

« C'est bien ridicule d'être comme
» cela!... est-ce que ce monsieur vous
» fait peur... Ah! ah!... c'est trop
» drôle!... quant à moi, sa présence ne
» me gêne pas du tout!... »

Et, au bout d'un moment, Juliette se

penche vers M. Théodore, et lui dit, en souriant : « Puisque mon cavalier est
» attaché sur la banquette au point de ne
» la pouvoir quitter, seriez-vous assez
» aimable, monsieur Théodore, pour
» m'aller chercher une orange?

» — Comment donc! belle dame, une...
» deux... dix oranges... des glaces, tout
» ce qui vous sera agréable... un jambon
» même, si vous le voulez...—Oh! quelle
» mauvaise plaisanterie, manger du jam-
» bon au spectacle !... — Si vous le fai-
» siez, je suis certain que cela en ferait
» venir la mode... — Une orange seule...
» et rien qu'une, je vous en prie... —
» Alors elle sera de Malte, ou il n'en
» vient plus de ce pays-là ! »

Et M. Théodore, qui, tout en faisant le galant, a eu l'air de faire un peu la grimace en tâtant son gousset, enjambe la banquette, ouvre la porte, et sort de la loge très-vivement.

La pièce ne tarde pas à commencer. Le grand monsieur ne revient pas. L'acte s'achève, point de Théodore; Juliette a l'air fort contrarié, elle regarde de tous côtés, en disant : « C'est singulier... il » ne revient pas... il aura rencontré » quelqu'un qui l'aura retenu. »

Adolphe est fidèle à son système ; il ne tourne pas la tête. L'acte suivant se joue. M. Théodore n'est pas revenu.

« Est-ce qu'il est allé jusqu'à Malte » pour chercher une orange? » dit Juliette en riant pour cacher son dépit; et je m'aperçois ensuite qu'elle parle bas à Adolphe, et semble le gronder sur sa conduite; mais celui-ci n'en bouge pas plus.

Enfin le spectacle finit. En restant toujours dans la loge, je mettrais Adolphe au supplice, car déjà Juliette a pris son châle, et il faudra bien qu'il se lève. Mais pourquoi lui causer ce chagrin?.. cela ne le corrigerait pas!... Je me hâte de sortir et le laisse avec sa Juliette.

CHAPITRE XII.

L'AMOUR DANS LA RUE.

C'est donc ce soir que je dois revoir ma charmante inconnue. Mon cœur est déjà vivement agité... je crois que je suis vraiment amoureux de cette dame... Je pense à elle toute la journée... elle est si jolie....Pourtant j'ai tort de me bercer d'espérances qui peut-être ne doivent pas se réaliser.... Enfin, je ne connais pas cette dame, je ne sais ni ce qu'elle est... ni ce qu'elle fait... mais tout cela n'empêche pas qu'elle ne soit adorable... patience, je la verrai ce soir.

Cette pensée m'a tellement poursuivi qu'à peine si j'ai eu le temps de me souvenir de Clémence... Clémence! qui était hier si triste en me quittant, qui s'expose à tout pour me voir et que j'ai laissée partir seule... Ah! c'est mal... mais quand je la reverrai, je m'excuserai... et elle est si bonne qu'elle me pardonnera.

Voilà sept heures; je cours au théâtre de la Porte-Saint-Martin.

Ces dames sont arrivées; je les aperçois dans une loge découverte, j'ai reconnu d'abord celle qui n'est pas jolie, son chapeau la cache peu; sa sœur, au contraire, a un grand chapeau qui avance, et par-dessus un demi-voile noir, ce qui permet à peine d'apercevoir sa jolie figure. Quelle idée de se cacher ainsi, quand on est bien!... mais probablement on ôtera son chapeau, et l'impression que l'on produira n'en sera que plus vive : tout cela est peut-être calculé.

Il y a de la place derrière ces dames, et je me hâte d'aller les trouver.

On m'accueille fort bien : c'est quelque chose que de n'en plus être à une première entrevue. Je me place derrière madame ou mademoiselle Adèle... je ne sais quelle qualité lui donner, mais je crois bien qu'elle est dame. Je la supplie d'ôter son chapeau.

« Et pourquoi? » me répond-elle en souriant. « — Parce que je ne vous vois » pas du tout. — Et vous tenez à me

» voir... — Ce n'est que pour cela que
» je suis venu.—Et le spectacle?..—Que
» m'importe le spectacle ! il ne m'inté-
» resse guère. — Je veux bien ôter mon
» chapeau, mais je vous préviens que le
» spectacle m'intéresse beaucoup, moi; je
» l'aime passionnément, et je veux écou-
» ter et entendre, enfin ne pas perdre
» un mot de la pièce. »

Bientôt, en effet, comme on vient de commencer, elle est tout yeux, tout oreilles; quand je veux lui parler, elle me fait signe de me taire. Singulière femme!... est-ce qu'elle arrive de province?... Si c'est comme cela que nous devons faire plus ample connaissance!... Cette soirée ne m'a pas l'air de devoir être aussi agréable pour moi que je l'espérais. Je connais la pièce que l'on joue, et me voilà encore forcé de l'entendre:

on m'a fait me promener sur les boulevarts, on va me faire écouter un drame en huit tableaux que je sais par cœur... voilà une bonne fortune qui me coûte déjà cher.

Je ne sais si la sœur est aussi absorbée par le plaisir du spectacle, mais elle ne dit pas un mot ; quelquefois je m'aperçois qu'elle me regarde à la dérobée... puis aussitôt que je me tourne de son côté, elle baisse sa tête et me cache sa figure : c'est toujours fort aimable de sa part.

Dans les entr'actes, on me permet de me dédommager du silence que l'on m'impose pendant qu'on joue. Alors nous causons... ou, pour mieux dire, je cause avec Adèle; car c'est presque toujours moi qui parle; je ne puis lui arracher une phrase entière; elle com-

mence... et s'interrompt pour regarder une femme dont la mise est originale, ou un chapeau qui est ridicule, ou un bonnet mal posé... et moi je reste là dans l'attente d'une réponse favorable... d'un mot d'espoir... d'un doux regard. Au lieu de cela, on s'écrie : « Ah ! voyez
» donc, à l'avant-scène, comme cette
» grosse femme est laide avec ses che-
» veux en bandeau !... — Eh ! que m'im-
» porte cette femme et ses cheveux !...
» Ici, ce n'est que vous que je vois, que
» je veux voir... ce n'est que pour vous
» que je suis venu .. Ne m'écouterez-
» vous pas un peu ?... — Ah ! chut...
» taisez-vous !... voilà l'autre acte qui
» commence !... »

Il faut encore me taire... cela m'ennuie beaucoup. Il y a des momens où je suis tenté de sortir et de ne plus revenir, ce qui m'est arrivé quelquefois en pareille circonstance... mais cette Adèle est si jolie!... D'ailleurs nous verrons à la sortie du spectacle... j'espère qu'elles se laisseront reconduire.

Le spectacle s'avance, et moi je n'avance à rien. Elle a toujours les yeux attachés sur la scène... jamais un regard pour moi. Ha çà, pourquoi diable cette femme-là avait-elle envie de me connaître? était-ce seulement pour me faire asseoir derrière elle?

Voici le dernier entr'acte, si je n'en profite pas, je crois que j'en serai pour mon drame et ma promenade sur les boulevarts. Je me penche vers mon inconnue et je m'empare de sa main... si elle se fâche, tant pis.

Elle paraît fort mécontente de ce que j'ai pris sa main; elle veut la retirer.

« Que faites-vous donc, monsieur? —
» Vous le voyez, je prends votre main.
» — Eh! pourquoi? — Pourquoi!...
» pourquoi!... En vérité, madame, vous
» me traitez bien singulièrement! et,
» d'après vos lettres, je devais espérer
» vous trouver moins sévère... — Com-
» ment!... est-ce que nous ne causons
» pas?... est-ce que je ne vous ai pas
» accordé une seconde entrevue? —
» Oui; mais c'est une bien légère faveur
» qu'une entrevue dans une salle de
» spectacle... où l'on est entouré de
» monde... et votre sœur qui a toujours
» l'air d'écouter ce que je vous dis!...
» Est-ce donc ainsi qu'on peut s'enten-
» dre et faire connaissance? Moi, je dé-
» teste la contrainte; j'aime à dire tout
» ce que je pense, tout ce que j'éprouve;
» si ce que j'ai à vous dire vous déplaît,

» eh bien! vous ne me reverrez plus, et
» tout sera fini. Mais certainement je ne
» vous quitterai pas sans avoir eu un
» moment de tête-à-tête avec vous...
» Tenez!... voilà encore votre sœur qui
» se penche pour écouter ce que je vous
» dis... C'est cruel d'être espionné ainsi!
» J'aimerais mieux dix maris qu'une
» sœur comme celle-là; car un mari qui
» sait vivre n'écoute jamais ce que l'on
» dit à sa femme. »

Adèle part d'un éclat de rire, tandis que sa sœur lui donne des coups de genou, puis lui parle à l'oreille. Est-ce pour la gronder de ce qu'elle se laissait tenir la main... hum!... je gage qu'elle est aussi méchante qu'elle est laide!

Le dernier acte commence. La jolie femme veut retirer sa main que je tiens encore; moi, je ne veux pas la lâcher qu'on ne m'ait dit quand on m'accorderait une entrevue sans la sœur, on me répond :

« Eh bien... ce soir... après le spec-
» tacle... mais chut! on commence...
» taisez-vous! »

Voilà donc enfin une promesse. Je suis satisfait ; je lui laisse écouter tout à son aise le dernier acte. Ce soir après le spectacle, a-t-elle dit ; je n'ai plus long-temps à attendre.

La pièce finit, on se lève. Adèle remet son chapeau, donne un bras à sa sœur; je m'empare de son autre bras, et le passe sous le mien. Nous sortons au milieu de la foule. Arrivés sur le boulevart, Adèle me dit tout bas :

« Je vais faire monter ma sœur dans
» un fiacre, mais comme je ne veux pas
» que vous entendiez où elle va, ayez la

» bonté d'aller m'attendre là-bas... au
» détour du boulevart après le pâtissier...
» —Comment! madame, vous voulez...
» —Allez, monsieur, ou sans cela point
» de tête à tête.—Allons, madame... je
» vais vous attendre... bien inutilement
» peut-être! mais enfin si tout cela vous
» amuse, c'est tout ce qu'il faut. »

Je laisse ces dames s'approcher des voitures et je me rends à l'endroit qu'on m'a désigné, tout en me disant : Je crois qu'on se moque de moi !.. je n'aurais pas dû les quitter... après tout, elle viendra si elle veut !... il est tard... onze heures et demie passées... certainement je ne l'attendrai pas long-temps.

Bientôt le monde qui sortait du spectacle est passé, je suis encore au coin du boulevart, mais je suis prêt à m'éloigner aussi, lorsque je vois venir à moi la dame que j'attends. Je l'accusais à tort, elle est de parole... voilà que j'en redeviens amoureux, et que toutes mes espérances renaissent.

« Ah! que vous êtes aimable! » lui dis-je en allant au-devant d'elle, « moi,
» qui pensais que vous ne viendriez pas!..
» —Je l'aurais dû peut-être.—Et pour-
» quoi? Vous repentiriez-vous déjà de
» me rendre heureux? car je ne puis
» vous dire tout le plaisir que j'éprouve
» à être enfin seul avec vous... — Vrai-
» ment? cela vous fait plaisir... mais ne
» restons pas là... — Donnez-moi votre
» bras... On dirait que vous tremblez...
» — N'est-ce pas naturel... seule avec
» quelqu'un que je ne connais pas... —
» Si fait, vous me connaissez, vous sa-
» vez qui je suis, ce que je fais; tandis
» que moi je ne suis pas aussi avancé,

» —Oh! n'allons pas sur les boulevarts...
» Il y a trop de monde encore, prenons
» cette rue... — Pour ne pas craindre
» d'être rencontrés, il me semble que
» nous ferions mieux de prendre une
» voiture qui nous promènerait tant
» que nous voudrions.

» —Non... je ne veux pas monter dans
» une voiture... nous nous promènerons
» à pied, et quand vous serez las, vous
» me le direz et je vous laisserai. —
» Pourquoi donc refuser de prendre un
» fiacre?.. en vérité, vous me témoignez
» bien peu de confiance. — Je sais jus-
» qu'où doit aller celle d'une femme en
» pareille occasion. — Mais cependant...
» — N'insistez pas.... c'est inutile ; c'est
» déjà beaucoup de vous accorder un
» tête-à-tête aussi tard! — Oui... dans
» la rue. — Voilà bien les hommes! ils

» ne sont jamais contens! on n'en fait
» jamais assez pour eux!.. ensuite ils nous
» délaissent, précisément parce que nous
» n'avons pas eu la force de leur rien
» refuser!... Allons, monsieur, j'espère
» que ceci ne va pas vous donner d'hu-
» meur, et que vous allez être aimable
» comme vous devez pouvoir l'être. »

Que répondre à cela... je sens bien qu'elle a raison. Je me contente de serrer son bras sous le mien, et comme nous sommes dans la rue de Bondi, où il ne passe personne, je m'empare d'une de ses mains que je presse dans les miennes.

« Déjà! » dit-elle en riant! « —C'est
» que je voudrais réparer le temps
» perdu! — Il me paraît que vous tenez
» beaucoup à employer le vôtre... à vous
» voir ainsi me tenir la main, me presser

» le bras, on croirait que vous êtes
» amoureux de moi! — Je le suis aussi.
» — Ah! que vous êtes drôle! et cet
» amour vous a pris tout de suite... en
» me voyant?.. — Comment voulez-vous
» donc que l'amour prenne?... il me
» semble que ce n'est jamais autrement;
» quand une femme nous plaît, nous
» charme, faut-il attendre que son vi-
» sage se couvre de rides pour en devenir
» amoureux et le lui déclarer?.. — Sans
» attendre si long-temps, je croyais qu'il
» fallait au moins se connaître, s'étu-
» dier, s'apprécier pour... — On s'aime
» d'abord, on fait connaissance ensuite,
» et l'on s'apprécie après... Je vous as-
» sure que le véritable amour, l'amour
» spontané ne marche pas autrement.
» Mais que votre voile est ennuyeux...
» il m'empêche de voir aucun de vos

» traits... de grace, relevez-le un peu...
» — Non, non.... je suis trop hon-
» teuse.... D'ailleurs, vous me connais-
» sez, vous m'avez vue... — Oh! jamais
» assez !... je voudrais regarder sans
» cesse vos yeux si aimables, si ma-
» lins... — Taisez-vous, vous me flattez.
» — Non, et l'on doit vous avoir dit bien
» souvent que l'on vous trouvait adora-
» ble... vous avez dû recevoir bien des
» déclarations !... — Moins que vous
» ne le croyez, je vous assure... Mais
» quelle heure sonne là? c'est onze heures
» sans doute? — Oui, c'est onze heures.»

C'est minuit qui vient de sonner, je le sais fort bien; mais je n'ai garde de le dire à celle que je tiens sous mon bras. Elle voudrait peut-être rentrer, et moi je commence à me plaire beaucoup avec elle.

Nous nous trouvions au bout de la rue de Bondi, près du faubourg du Temple. Nous sommes au mois d'avril, mais le temps est sombre, et la lune ne se montre pas. Il fait frais, presque froid; mais on ne fait pas attention à tout cela quand on tient une jolie femme sous son bras, et que c'est la première fois que l'on est seul avec elle; on marcherait dans la crotte que l'on trouverait la promenade charmante; cependant, comme je ne tiens pas à barbotter dans les ruisseaux avec ma belle inconnue, je lui fais prendre le boulevart du Temple.

« Monsieur, » me dit ma dame, après que nous avons fait quelques pas sur les boulevarts, « vous devez avoir de moi une » singulière opinion, convenez-en? Une » femme qui écrit à un homme qu'elle » n'a jamais vu; puis, qui lui accorde une

» entrevue et se promène seule avec lui,
» lorsque les gens raisonnables vont se
» coucher!.. Oh! c'est vouloir donner de
» soi une bien mauvaise idée!

» Je vous assure, madame, que je
» suis loin de vous juger d'une façon dé-
» favorable. Je suis moi-même trop en-
» nemi des sujétions qu'impose la société
» pour blâmer ceux qui ne s'y soumet-
» tent pas. J'apprécie le monde ce qu'il
» vaut, c'est vous dire que j'ai peu d'es-
» time pour lui; je ne me laisse pas
» éblouir par de grands mots, par ces
» belles phrases de certains orateurs;
» j'en ai tant vu dont les actions ont dé-
» menti les paroles! Je ne crois qu'une
» chose, comme Rousseau : c'est qu'il
» faut être heureux, et que chacun fait
» son possible pour arriver à ce but.
» Mais les uns placent le bonheur dans

» les grandeurs, les dignités, d'autres
» dans la fortune! Moi, je ne le trouve
» qu'auprès d'une jolie femme, et je
» crois que c'est là qu'il manque le
» moins de parole. Enfin si quelqu'un
» devait blâmer votre conduite, il me
» semble, madame, que ce ne serait pas
» moi, qui dois au contraire vous en re-
» mercier.

» — Oui, vous devez me dire tout
» cela; mais au fond de votre cœur...
» Ah, mon Dieu! qu'est-ce que c'est
» que ces trois hommes qui viennent par
» ici?...

» — Ce sont de ces messieurs qui pas-
» sent leur soirée dans les sales estami-
» nets, ou pour mieux dire les étouf-
» foirs dont ce boulevart pullule. Ces
» messieurs se retirent de bien bonne
» heure... car on passe une partie de la

» nuit dans ces repaires; il est probable
» qu'ils n'ont plus le sou! — Mais, s'ils
» allaient s'adresser à nous pour avoir
» de l'argent? — Ne craignez rien... ce
» ne sont pas précisément des voleurs...
» D'ailleurs, ceux-ci ne songent qu'à se
» disputer... Écoutez. »

Ces trois hommes s'arrêtaient à chaque instant en gesticulant, leur conversation devenait très-animée. Nous prenons la contre-allée, et nous les entendons parfaitement :

« Je te dis que Cadet Frissot m'a
» triché! qu'il n'a pas plus fait de billes
» que moi!... et je suis plus fort que
» lui, et je l'enfoncerais à quatre points
» si je voulais!...

» — Eh ben! pourquoi donc que tu
» t'es laissé frotter, canard! — Je te
» dis encore qu'on m'a triché... n'est-ce

» pas, Salomon?.. — Oh! j'sais pas!...
» Fichu tabac!... que c'est embêtant
» de rentrer déjà, quand les autres s'a-
» musent... J'ai encore soif, moi... ils
» m'ont changé ma pipe là-dedans... paie
» queuque chose, Mouton. — Pis qu'on
» m'a tout gagné... pus de pétards! et
» je crois que Rocard s'entendait avec
» Cadet Frissot! — Qu'est-ce que tu dis
» que je m'entendais?... — Oui, oui, je
» t'ai vu lui faire des signes!... — Prends
» garde que je ne t'en fasse sur la fi-
» gure, à toi! — Oh! ne fais pas tant le
» casseur! c'est bon pour faire peur aux
» mouches!... mais j'en roulerais six
» comme toi, filou! — Filou! t'as osé
» dire filou!... tu veux donc que je t'é-
» gruge?...

» — Allons, pas tant de propos, les
» amis! si vous avez envie de vous bat-

» tre, battez-vous... la place est bonne
» et je vas juger les coups.

» — Salomon a raison; battons-nous...
» Tu vas la danser, Mouton. — C'est
» toi, Rocard, qui va prendre un bain
» de poussière ! »

Aussitôt ces deux messieurs ôtent,
l'un sa veste, l'autre sa redingote, sous
laquelle ils n'ont que leur chemise; ils
jettent de côté casquette et bonnet
grec, puis se précipitent l'un sur l'autre
en jurant et vociférant comme des cannibales, tandis que le troisième s'adosse
contre un arbre et les regarde tranquillement se battre tout en fumant sa
pipe.

Nous n'avons pas envie de rester pour
être juges de ce nouveau tournoi. Ma
compagne m'entraîne en courant; nous
ne nous arrêtons que lorsque les cris de

fureur des combattans ne viennent plus frapper nos oreilles.

« Ah! mon Dieu! les vilains hom-
» mes! » dit ma dame, lorsque nous re-
prenons notre pas ordinaire... « comme
» ils se battaient!... Mais à quoi pensez-
» vous donc? — Je pense... que celui
» qui les regardait faire se nommait Sa-
» lomon... et il me semble que ce nom
» ne m'est pas inconnu !... — J'espère
» bien que vous ne connaissez aucun de
» ces hommes - là?.. — Oh! non sans
» doute... — C'est affreux de laisser des
» hommes se battre comme cela! leur
» ami aurait dû les séparer! — C'eût, je
» crois, été fort difficile; rappelez-vous
» *le Médecin malgré lui*, de Molière : *Je
» veux que mon mari me batte*. Il se
» passe de singulières choses dans Pa-
» ris! il y a des vagabonds qui n'ont pas

» de gîte et couchent où ils se trouvent.
» Quand ces gens-là se battent, se dé-
» truisent entre eux, c'est un service
» qu'ils rendent à la société dont ils sont
» l'écume, et il faut bien se garder de
» les retenir. Mais laissons là ces hom-
» mes... nous pouvons nous entretenir
» de choses plus aimables... — Ah ! je
» vous avoue que cette scène m'a fait
» mal !... — En effet, vous tremblez...
» vous êtes bien émue... — Ce n'est pas
» une raison pour me prendre la taille
» ainsi... — C'est que je voudrais vous
» rassurer... vous calmer... — Vrai-
» ment ! c'est pour me calmer que vous
» me tenez comme cela : c'est une bien
» mauvaise manière... et si l'on vous
» voyait... — Qui voulez-vous qui nous
» voie ?... Il fait sombre... les réverbères
» ne sont là que pour la forme !... — Fi-

» nissez... donnez-moi le bras... ou je
» me fâche...—Que vous êtes cruelle!..
» vous me refusez tout!... — Il me sem-
» ble que non... et cette promenade...
» à cette heure... mais je l'avoue, il y a
» bien long-temps que je désirais avoir
» avec vous un entretien sans témoins...
» pour vous dire... tout ce que je
» pense... pour vous entendre... me
» faire la cour... car... tenez, je suis fran-
» che, j'étais certaine que vous me la
» feriez... je vous parais bien avanta-
» geuse en disant cela ; mais on m'a pré-
» venue que vous faisiez la cour à tou-
» tes les femmes qui étaient un peu
» passables.... — Ah ! on vous avait
» dit cela!... et qui donc ? — Qu'im-
» porte? je le savais enfin. — Je suis
» comme Figaro, madame, je vaux
» mieux que ma réputation. Puisque

» vous étiez si sûre de votre fait, ne
» trouvez donc pas mauvais que je vous
» dise que je vous adore, que mon plus
» grand désir est de faire avec vous plus
» ample connaissance... mais me forcer
» à vous dire tout cela à la belle étoile!...
» avoir refusé de monter avec moi dans
» une voiture... c'est très-ridicule. —
» Ah! ah! vous pensez encore à cela!...
» — Je le crois bien! j'y pense plus que
» jamais!... Encore si nous étions dans
» la campagne, nous pourrions nous re-
» poser un peu sur le gazon. Est-ce que
» vous ne trouvez pas que c'est fatigant
» de toujours marcher? — Je ne m'en
» suis pas encore aperçu... Savez-vous
» que votre remarque n'est pas fort ai-
» mable! Vous êtes déjà las de vous pro-
» mener avec moi, eh bien, allez vous
» coucher, monsieur, je ne suis pas

» peureuse, je rentrerai bien seule. —
» Que me dites-vous là !... que je vous
» laisse ; je ne suis nullement fatigué...
» seulement j'aurais voulu m'asseoir,
» parce qu'il me semble qu'on est mieux
» pour causer. — Moi, j'aime autant
» parler en marchant. — Ah ! voilà un
» banc de pierre, venez vous reposer un
» peu ; je vous assure que vous êtes lasse.
» — Pas du tout ! mais si cela vous fait
» tant de plaisir, asseyons-nous sur le
» banc de pierre ; à l'heure qu'il est
» nous ne devons pas craindre qu'on se
» moque de nous. »

Je conduis mon inconnue sur un de ces bancs que l'on trouve dans les contre-allées du boulevart Saint-Antoine, car nous étions arrivés là. Cet endroit est dans la soirée le rendez-vous des bonnes d'enfans, des soldats, des commissionnaires et quelquefois de pis! Singulier boudoir pour faire l'amour, mais on prend ce qu'on trouve; je tenais beaucoup à être assis; j'espérais que cela avancerait mes affaires; et d'ailleurs, quand on a la tête montée, un banc de pierre vaut un sofa.

Nous sommes assis sur le banc, et très-près l'un de l'autre; je tiens les mains de mon inconnue, et, tout en lui parlant, je les presse, je les baise tendrement. Je voudrais bien embrasser mieux que ses mains; mais toutes les fois que j'approche ma figure de son maudit voile, que je cherche à le soulever, elle tourne lestement la tête et je n'embrasse que son chapeau. Oh! que les femmes savent bien prolonger cette petite guerre, et nous laisser l'espérance tout en nous refusant une faveur!

Il y a déjà long-temps que nous sommes sur le banc; quoique je n'y remporte que de légères victoires, j'aime beaucoup mieux y être que de marcher. Je m'aperçois que ma jolie compagne est très-émue : on perd de ses forces dans les luttes les plus douces. Tout en cherchant à l'embrasser, à la presser dans mes bras, je lui renouvelle l'assurance de l'aimer toujours. Elle me repousse plus faiblement en murmurant : « Lais-
» sez-moi... vous mentez... vous en dites
» autant à toutes les femmes... Levons-
» nous, je vous en prie... »

Loin de la laisser quitter le banc, je l'enlace dans mes bras, je la presse contre mon cœur; je crois qu'elle va perdre la force de se lever... lorsque nous entendons crier à nos oreilles :

« Qui vive? »

Cette dame et moi, nous faisons un saut sur le banc, et, en nous retournant, nous voyons derrière nous une patrouille de garde nationale. Nous sommes presque cernés, et nous ne les avions pas entendus approcher. Ce que c'est que la préoccupation!

« Comment! qui vive?... » dis-je en me retournant; « mais il me semble,
» messieurs, que nous ne sommes pas
» près d'une sentinelle. — Sans doute;
» mais que faites-vous là? — Ah! capo-
» ral, voilà une question que je par-
» donnerais à un Suisse, mais la milice
» citoyenne me demander cela!... Vous
» voyez bien que nous ne sommes pas
» des voleurs. Madame et moi n'avons
» aucune mauvaise intention : je vous
» réponds que nous n'emporterons ni les
» arbres ni le banc; nous nous reposons,

» voilà tout. — Oui, mais il est bien
» tard... prenez garde aux mauvaises
» rencontres! — Nous sommes très-cou-
» rageux, caporal, et on nous a ordonné
» de nous promener à la fraîche. »

Le caporal et ses voltigeurs s'éloignent en riant entre eux de la peur qu'ils nous ont faite. Pendant que je les regarde s'éloigner, ma dame s'est levée; elle a quitté le banc. Je cours après elle.

« Eh bien! que faites-vous donc? —
» Je m'en vais... je ne reste plus là...
» j'ai eu trop peur! — Mais ils sont
» partis; ils ne reviendront plus. Pour-
» quoi quitter ce banc où l'on est si
» bien? — Non, non, je ne me rassieds
» plus; je crois d'ailleurs que c'est beau-
» coup plus convenable... Venez, pro-
» menons-nous...— Maudite patrouille!
» dans ce Paris, même après minuit, on

» ne peut pas être tranquille!—Allons,
» monsieur, donnez-moi votre bras...
» Est-ce que vous ne sauriez pas être
» aussi aimable en marchant qu'assis?...
» Ah! ah! vous voilà fâché! mais cela
» se dissipera. »

Il est vrai que j'ai de l'humeur. Notre conversation devenait si intéressante, si animée! Enfin consolons-nous... plus tard elle consentira peut-être à se rasseoir... Nous retrouverons bien un siége aussi doux.

« Eh bien! monsieur, vous ne me
» dites plus rien? — Madame... c'est
» que je pense. — Ayez alors la com-
» plaisance de penser tout haut... Vous
» voyez que je vous permets de me dire
» tout ce qui vous viendra à l'esprit. —
» Et au cœur?—Oh! je crois que votre
» cœur est rarement pour quelque chose

» dans ce que vous dites. — Madame,
» vous me jugez bien peu favorablement.
» —Mais pas du tout; je trouve cela fort
» naturel au contraire. Ayant si souvent
» des occasions de vous amuser, vous ne
» cherchez que le plaisir et non un sen-
» timent durable : vous avez raison, c'est
» le moyen d'être heureux; et, à votre
» place, je pense que j'agirais de même.
» —Je vous assure que vous vous trom-
» pez, et que je suis très-sentimental...
» sans que cela paraisse. Mais... savez-
» vous ce que je pense de vous en ce
» moment? — Dites-le-moi, je vous en
» prie; je suis préparée à tout. — Je
» pense que vous êtes cent fois plus ai-
» mable en tête-à-tête que devant votre
» sœur. Au passage Vendôme, et même
» ce soir au spectacle, à peine si vous me
» répondiez; je ne pouvais obtenir de

» vous une phrase entière. Je vous avoue
» que je me disais : Quelle différence de
» ses lettres à sa conversation! elle écrit
» si bien et elle parle... — Si mal? —
» Non, mais comme une personne qui ne
» sent rien; comme ces femmes qui ne
» savent parler que chiffons, toilette et
» cuisine... Il y en a beaucoup comme
» cela. Mais depuis que nous ne sommes
» que nous deux, ah! je vous retrouve
» telle que je vous espérais, telle que
» vos lettres vous peignaient à moi...
» c'est-à-dire charmante, spirituelle...
» un peu capricieuse peut-être, mais
» toujours adorable!

» —Et moi, je vous avais bien deviné
» tel que vous êtes; vos ouvrages ne m'a-
» vaient pas trompée... mais que cher-
» chez-vous donc?...—Rien... je regar-
» dais... c'est singulier, il n'y a donc pas

» un banc dans cette rue?...—Quand il
» y en aurait, je vous jure que je ne
» m'assiérais pas. Vous dites que ma
» conversation vous plaît, et cela ne vous
» satisfait pas de causer avec moi?—Si
» fait! mais dites-moi du moins que nous
» nous retrouverons souvent; que je
» vous reverrai... et sans votre sœur.—
» Ma pauvre sœur! vous ne l'aimez
» guère!...—Oh! je la déteste.—Qu'a-
» t-elle donc fait pour cela?—Elle m'em-
» pêchait d'être seul avec vous. Ensuite,
» vous conviendrez que vous êtes bien
» assez jolie, et que vous n'avez pas be-
» soin d'avoir à côté de vous une figure
» qui fasse une telle opposition.—Vous
» trouvez donc ma sœur...—Oh! je la
» trouve épouvantable! c'est le beau
» idéal du laid!—Cette pauvre Clara!
» Savez-vous qu'elle est bien malheu-

» reuse d'être si laide!— Il est certain
» que si celle-là trouve jamais un homme
» qui l'aime!... tandis que vous!... avoir
» tant d'esprit et être si jolie... eh bien!
» vous ne voulez plus que je tienne vo-
» tre main?..—A quoi bon?—Comment!
» à quoi bon? seriez-vous aussi insensi-
» ble que vous êtes aimable? — Oh!
» non!... je ne suis pas insensible, mal-
» heureusement!... »

Puisqu'elle convient qu'elle n'est pas insensible, je veux la serrer dans mes bras; elle se défend, recule... puis pousse un cri... nous nous trouvons nez à nez avec un chiffonnier qui, pour nous regarder, lève en même temps sa lanterne et son croc.

Ma dame reste saisie; je ne puis m'empêcher de rire en apercevant cet ignoble industriel, dont le costume est encore plus dégoûtant que celui du fameux *Robert Macaire*.

Le chiffonnier murmure entre ses dents:

« Est-ce que la rue n'est pas assez
» grande... vous ne pouvez pas me lais-
» ser travailler tranquillement, sans
» vous jeter sur moi... comme des cro-
» que-morts? »

Ma compagne est déjà bien loin; elle n'a pas voulu lier conversation avec l'homme au croc et, je laisse celui-ci murmurer, et je vais rejoindre ma dame.

« Eh, mon Dieu! comme vous courez!...
» — Cet homme m'a fait peur... je me
» suis trouvée tout à coup presque sur
» lui!... — Si vous m'aviez laissé faire,
» vous n'auriez pas couru le risque d'em-
» brasser cet homme de nuit. Mais vous
» êtes si méchante!... — C'est vous qui

» n'êtes pas sage. Voudriez-vous me faire
» repentir de vous avoir accordé ce tête-
» à-tête? — Il me semble qu'en désirant
» faire ma connaissance, vous ne deviez
» pas supposer que je me bornerais à vous
» regarder?... Les femmes se plaignent
» de notre peu de sagesse, mais je crois
» qu'elles seraient bien fâchées si nous en
» avions long-temps! — Vous avez mau-
» vaise opinion des femmes! — Est-ce
» avoir mauvaise opinion d'elles que de
» présumer qu'elles n'aiment point les
» sots. — On est donc sot quand on est
» sage? — A peu près; à moins qu'on ne
» soit sage comme *Salomon* et ***David***, qui
» certes ne chômaient ni de femmes, ni
» de maîtresses, ce qui ne les empêchait
» pas d'être les bien-aimés du Seigneur!
» — Il est certain que dans ce temps-là
» on ne faisait point un crime de la poly-

» gamie... Où sommes-nous donc, mon-
» sieur? — Ma foi, madame, je n'en sais
» rien... vous avez été si vite... Nous
» avons pris la première rue venue...
» mais vous frissonnez : est-ce de peur?
» —Non, c'est tout bonnement de froid;
» l'air est devenu très-vif...— Quand je
» vous dis qu'il faut nous asseoir pour
» que je vous réchauffe. — Je ne veux
» pas l'être de cette façon ; marchons un
» peu plus vite, voulez-vous? — Tout
» ce que vous voudrez ; nous pourrions
» même danser le galop, si cela vous
» était agréable : cela échauffe tout de
» suite. — Merci, je ne danse pas le ga-
» lop, et puis je craindrais de me jeter
» encore dans un chiffonnier.—Eh bien,
» madame, puisque vous ne voulez pas
» danser, permettez-moi de vous adres-
» ser quelques questions.—Parlez, mon-

» sieur. — Etes-vous demoiselle, femme
» ou veuve? Où demeurez-vous? Quelle
» est votre position dans le monde? Il me
» semble que vous pouvez me répondre
» sans craindre que j'abuse de votre con-
» fiance ; mais en ne me disant absolu-
» ment rien, c'est aussi m'en témoigner
» trop peu. — Je croyais que vous ai-
» miez les liaisons mystérieuses. — Oui,
» mystérieuses pour le monde, cachées
» aux regards indiscrets; mais entre soi,
» on peut... on doit même se dire qui
» l'on est, car il faut d'abord apprendre
» à la personne qui nous aime, qu'elle
» peut aller avec nous sans rougir. Ce
» que je dis là, madame, ne saurait vous
» offenser; je suis même certain que vous
» trouvez que j'ai raison ; et si vous con-
» tinuez à vous entourer de mystère,
» c'est seulement pour vous amuser en

» cherchant à piquer davantage ma cu-
» riosité.

» — Oui, monsieur, vous avez rai-
» son, on doit se faire connaître aux per-
» sonnes qui nous aiment ; et quand je
» serai bien certaine que vous m'aimez,
» je satisferai votre curiosité ; mais, jus-
» que-là, je ne vous en dirai pas plus :
» si vous craignez de vous compromettre
» en sortant avec moi, vous êtes le maî-
» tre de n'y plus aller.

» — Mon Dieu ! vous ne pouvez croire
» cela, ou alors je me suis bien mal ex-
» pliqué !... Enfin, madame, que faut-il
» faire pour que vous soyez persuadée
» qu'on vous aime ?...— Oh !... je suis
» très-difficile à persuader... Mais écou-
» tez... n'entendez-vous pas des plain-
» tes... des cris ?... »

Je prête l'oreille et j'entends en effet

comme des gémissemens; il me semble même que c'est assez près de nous.

Mon inconnue me serre fortement le bras en me disant : « Ah, mon Dieu! » j'ai très-peur cette fois... c'est sans » doute quelqu'un qu'on attaque...— » On crierait au secours, à la garde, si » c'était cela!... Mais ne voyez-vous pas » là-bas... au milieu de la rue... quel- » que chose de blanc? —Oui... — Avan- » çons un peu.—Si c'était des voleurs... » — Si c'est une personne qui a besoin » de secours...—Eh bien! avançons, » mais avec précautions, je vous en » prie! »

Nous faisons quelques pas, cette dame et moi, vers ce que nous apercevons de blanc. Ma compagne se serre contre moi; je tends le cou, j'avance la tête... notre marche doit avoir quelque chose de comique ; cependant nous n'avons pas envie de rire.

Nous approchons : je commence à distinguer les objets; une femme est à genoux au milieu de la rue, elle est penchée vers une autre femme qui est étendue sur le pavé et ne remue pas.

« Ce sont deux femmes, » me dit mon inconnue, « avançons...—Oui ce sont
» deux femmes; mais ce n'est pas une
» raison pour être sans défiance... Vo-
» yons pourtant. »

Celle qui était à genoux devant l'autre ne tarde pas à recommencer ses lamentations.

« Ah! mon Dieu!... que je suis mal-
» heureuse!... et dire qu'il ne viendra
» personne de charitable pour m'aider à
» porter cette pauvre chère amie cheux
» nous!... Ah! v'là queuqu'un... Ah!

» monsieur, je vous en prie, aidez-moi un
» peu à reporter chez nous... là en face,
» mon amie qui vient de perdre ses sens!...»

C'est à moi que l'on s'adressait. Nous étions arrivés tout près des deux femmes; je les regardais attentivement, et l'examen n'était pas à leur avantage. La mise, le ton, la voix, tout était fort suspect. Je regardais tour à tour la femme étendue à terre et une petite allée bien noire qui était en face, tandis que ma compagne me disait à l'oreille : « Aidez-la donc à
» transporter cette pauvre femme !... »

» — Mais, » dis-je à celle qui se lamentait, « pourquoi votre amie est-elle éten-
» due ainsi au milieu de la rue?... que
» lui est-il donc arrivé?

» — Ah, mon cher monsieur! c'est
» qu'elle a perdu ses sens !... que ça lui
» a pris comme un tonnerre... c'est des

» attaques... des nerfs : ça lui prend ben
» souvent ! alors elle tourne des yeux
» comme une possédée ! et v'là pus d'une
» heure qu'elle est comme ça ! Mais v'là
» not'demeure, nous restons au troi-
» sième... ce sera bentôt fait... vot'épouse
» vous attendra dans l'allée... Dieu ! ma
» bonne chère amie ! que ça me fend le
» cœur de te voir ainsi sur le pavé !... »

Tout cela était débité d'une voix enrouée, avec force accompagnement de gestes et de lamentations.

Je restais indécis ; ma dame semblait surprise de mon peu d'humanité, et j'allais peut-être me décider à relever la malade, lorsqu'on ouvre une fenêtre au se-second étage d'une maison en face ; un homme en bonnet de coton y paraît, et se met à crier :

« N'écoutez pas ces filles, monsieur,

» ce sont deux margots qui jouent toutes
» les nuits la même comédie pour atti-
» rer les hommes chez elles, et peut-être
» les voler, aidées par leurs amans. Mais
» demain, je préviendrai le commissaire
» du quartier, afin qu'on mette ordre à
» cela. »

Le voisin n'avait pas fini, que la prétendue malade s'était relevée, et criait avec sa camarade :

« Ah, vieux chien!... ah, vieux gre-
» din!... tu veux nous empêcher de ga-
» gner notre vie! Ah! comme nous nous
» en fichons de toi et de ton commis-
» saire!... Tiens! v'là pour ta cascade!
» Va donc te plaindre, vieux sans cu-
» lotte!... »

En même temps, ces demoiselles ramassaient des pierres, des ordures, tout ce qui se trouvait sous leurs mains, et lançaient cela au voisin qui avait refermé sa fenêtre, mais dont elles cassaient les carreaux.

J'ai entraîné ma dame; nous nous hâtons de nous éloigner, car les vociférations de ces demoiselles devenaient d'une énergie à faire rougir un dragon.

« Eh bien! » dis-je à mon inconnue, lorsque nous sommes loin du lieu de cette scène, « comprenez vous pourquoi
» j'hésitais à secourir cette femme?...
» C'est que je me doutais que tout cela
» n'était qu'une scène jouée par elles,
» pour faire des dupes. Dans Paris il
» faut presque toujours être sur ses gar-
» des, et, au milieu de la nuit, il n'est
» jamais sage de s'aventurer dans l'allée
» d'une maison qu'on ne connaît pas.

» —Oh! je vois bien que vous avez
» raison; quel malheur si vous étiez en-

» tré là... on vous aurait tué peut-être!..
» —Je ne pense pas que cela eût été
» jusque-là, cependant on a vu de pa-
» reils guet-apens.—Et comment la
» police, qui sait tout, n'empêche-t-elle
» pas qu'il existe de ces repaires du crime?
» — Dans une ville comme Paris il y
» aura toujours des vices, des coupables,
» des mauvais sujets; pendant que l'on
» punit les uns, il s'en forme d'autres :
» c'est à ne jamais finir.—Cette aven-
» ture m'a fait mal.... quand je pense
» que s'il vous fût arrivé malheur, j'en
» aurais été la cause!...—Vous? pour-
» quoi?..—Sans cette idée de me prome-
» ner la nuit, vous dormiriez à présent,
» et convenez que vous aimeriez mieux
» être maintenant dans votre lit que dans
» la rue?—Oh, non!.. je vous jure que
» j'aime mieux être avec vous... par

» exemple, je préférerais que nous fus-
» sions dans mon lit.—Ah! monsieur!..
» peut-on dire des choses comme cela...
» —Pourquoi pas... quand on les pense?
» —Si on disait toujours tout ce qu'on
» pense, on entendrait dans le monde de
» singuliers propos!... Mais je songe en-
» core à ces vilaines femmes!... ayez
» donc de l'humanité! de la sensibilité!
» on en serait bien récompensé! — Dans
» Paris, il y a beaucoup de danger à
» être sensible!... Mais vous frissonnez
» encore... Tenez, voilà un banc de
» pierre contre cette maison, de grace,
» reposez-vous un moment; et, si vous
» l'exigez, eh bien! je ne m'assiérai
» pas. — Quand on me témoigne tant
» de complaisance, je ne sais plus rien
» refuser. Asseyons-nous un peu, je le
» veux bien; j'avoue que je commence

» à être lasse. Mais promettez-moi de ne
» pas me tourmenter. — Je vous le pro-
» mets. »

Nous nous asseyons sur un banc de pierre étroit et court qui est contre la porte d'une maison bien noire. Comme notre siége a peu de longueur, il faut bien que cette dame et moi nous soyons tout près l'un de l'autre ; mais j'ai promis d'être sage, je le serai : il ne faut pas toujours manquer à ses engagemens.

Je me contente de tenir une main que l'on m'abandonne et qui même répond aux tendres pressions de la mienne ; je crois m'apercevoir que mon inconnue soupire : c'est bon signe ; elle est devenue rêveuse, je la laisse penser, je garde aussi le silence ; quelquefois il nous sert mieux que d'éloquens discours.

» Quelle heure est-il? » me dit-elle enfin. « — Ma foi... je ne sais si je pour- » rai vous le dire... on y voit si peu!... »

Cependant je tire ma montre, mais il m'est impossible de distinguer les aiguilles, et nous sommes loin d'un réverbère.

« Je ne vois pas l'heure... et vous, ma- » dame?.. — Ni moi. — Je le crois bien, » vous ne relevez pas votre voile même » pour regarder ma montre... Vous avez » donc résolu de me priver du plaisir de » voir votre figure? — Oui... vous la con- » naissez d'ailleurs... — Mais je ne la vois » jamais assez à mon gré... — Je vous l'ai » dit... je suis si honteuse de la situation » dans laquelle je me trouve avec vous... » — Honteuse! quelle folie!.. — La nuit » doit être avancée... bientôt il fera » jour... comme le temps passe vite!...—

» Savez-vous que vous me dites là quel-
» que chose de fort aimable; vous ne
» vous êtes donc pas ennuyée avec moi?
» —Oh! vous le savez bien, et je vois
» approcher avec chagrin le moment de
» nous quitter...—Et qui vous forcera
» à me quitter quand viendra le jour?..»

Elle ne répond rien, elle soupire. Je presse doucement sa main, j'approche ma tête de la sienne... je voudrais lui voler sa respiration.... cette situation a un charme que je ne puis exprimer! Elle se prolongeait depuis assez long-temps... nous en sommes tirés par le bruit d'une croisée que l'on ouvre, et, presque au même instant, il tombe devant nous quelque chose dont nous recevons les éclaboussures.

Je me lève furieux, car j'ai deviné ce qu'on vient de jeter par la fenêtre et qui a failli tomber sur nous, je regarde en l'air, en criant :

« Que la peste vous étouffe!... ne
» pourriez-vous crier gare!... c'est épou-
» vantable!... c'est indigne!... je vous fe-
» rai mettre à l'amende!... »

On se contente de fermer la fenêtre en chantant :

<blockquote>
En avant, marchons,
Contre leurs canons,
Courons à la victoire !...
</blockquote>

Ma dame a quitté le banc de pierre, elle essuie son châle ; moi j'essuie mon habit, puis je pars d'un éclat de rire : c'est ce qu'on peut faire de mieux en pareille circonstance.

« Décidément, il n'y a pas moyen de
» faire l'amour, la nuit, dans les rues
» de Paris, » dis-je, en offrant mon bras à cette dame.

« Ce qu'il y a de certain, c'est que je
» ne m'arrêterai plus contre les maisons!
» — J'ai bien du malheur : toutes les
» fois que nous nous asseyons, il nous
» arrive des catastrophes. — C'est peut-
» être un avertissement du ciel. — Il
» emploie là de singulières voies pour
» nous avertir. — Mais où sommes-nous
» donc, monsieur? — En vérité, ma-
» dame, je n'en sais rien. Nous avons
» pris tant de rues... je crois pourtant
» que nous sommes du côté de l'Hôtel-de-
» Ville; est-ce votre quartier?.. Ah! ma-
» dame ne veut pas répondre?.. — C'est
» que... je ne le puis pas. — Eh quoi! lors-
» que tout à l'heure vous étiez si aima-
» ble, vous me laissiez entrevoir que mes
» sentimens ne vous déplaisaient pas...
» que vous seriez fâchée de me quitter,
» et maintenant vous refusez de me dire
» où vous demeurez!... Adèle!... char-

» mante Adèle!... n'obtiendrai-je donc
» rien de vous?...

»—Ah!... ouf!... pardon, mon ami...
» je ne voyais pas le coin de la rue! »

Ces mots me sont adressés par un individu en veste et en casquette, qui, au détour d'une rue, vient de se jeter sur moi. Je le repousse, mais pas assez vite pour n'être point infecté par une odeur de vin, d'aïl et d'eau-de-vie ; je m'aperçois que l'homme qui est presque tombé sur moi, est gris, au point de pouvoir à peine se tenir sur ses jambes. Je continue de marcher avec ma dame, mais le maudit ivrogne se pend à mon bras, en s'écriant :

« Si je vous ai fait mal... je vous en
» demande excuse... parce que... je sais
» vivre... je connais la politesse... je n'ai
» pas voulu vous insulter... je ne vous
» voyais pas... Après ça, si vous trou-

» vez que je vous ai manqué... dites-le...
» me voilà!... je suis bon pour vous ré-
» pondre!...

»—Eh non! vous ne m'avez pas fait mal;
» mais lâchez mon bras et cessez de me
» retenir.

» — Tiens!... c'té voix!... est-ce que
» c'est toi, Jaculard... tiens! d'où donc
» que tu viens... t'es avec une femelle,
» je crois?...

»—Eh morbleu! je ne suis pas Jaculard,
» vous vous trompez; allons, quittez-
» moi le bras et passez votre chemin,
» vieil ivrogne!

» — Qu'est-ce que c'est?... comment
» que vous avez dit?... ivrogne? Si vous
» n'êtes pas Jaculard, apprenez que je
» ne suis pas un ivrogne. Je me suis un
» peu atardé... c'est vrai... c'est la faute
» du père Chenet... Dites donc, connais-

» sez vous le père Chenet... l'inventeur
» des soufflets sans vent?...

» — Finissons ! ou je perdrai pa-
» tience !...

» — Eh ben ... qu'est-ce que ça me
» fait?... Écoutez donc!... je vous parle...
» vous devez me répondre... Vous êtes un
» homme... j'en suis un autre... vive la
» charte ! »

Je n'y tiens plus, je repousse mon
ivrogne et vais m'éloigner, mais il revient à la charge; cette fois je le reçois si
bien que je l'envoie rouler dans le ruis-
seau.

Pendant qu'il crie, jure, et cherche à
se relever, j'entraîne ma dame, nous
doublons le pas, et bientôt nous ne crai-
gnons plus d'être rejoints par cet homme
qui m'a forcé de lui donner un coup de
poing.

« Mon Dieu ! que d'aventures ! » dit mon inconnue ; « moi, qui croyais » qu'on devait être si tranquille en se » promenant la nuit !... — Ceci n'est » rien, il aurait pu nous arriver bien » d'autres choses !... — Me voilà guérie » de l'idée de faire une promenade après » minuit, et pourtant je n'oublierai jamais celle-ci !... — Vous dites cela » comme si nous ne devions plus nous » promener ensemble... ce n'est pas là » votre idée, j'espère ?... — Ah ! je ne » sais... Peut-on prévoir les événemens ?... Peut-on savoir ce que l'on » fera ?... et vous-même, dans quelques » jours, vous serez occupé d'une autre » femme, et en amour le dernier sentiment est toujours le plus fort... c'est » vous-même qui avez dit cela dans un » de vos romans. — Il ne faut pas croire

» que je pense tout ce que j'écris; je fais
» parler mes personnages d'après leurs
» caractères, leur état, leurs passions,
» mais je ne me mets pas à leur place.
» — Oh! c'est égal! l'auteur perce tou-
» jours... Ah! mon Dieu!... qu'est-ce
» que j'aperçois là-bas... à gauche... près
» d'une maison?... ce sont des hommes,
» je crois... — En effet... Oui... il y a
» plusieurs hommes arrêtés là-bas... —
» Que peuvent-ils faire si tard?... Qu'at-
» tendent-ils là?... Si c'était des voleurs...
— Ma foi!... ce ne serait pas impossi-
» ble... — Oh! mon Dieu!... sauvons-
» nous vite... rebroussons chemin... je ne
» veux point passer près de ces hommes-
» là... — Ce ne serait peut-être pas pru-
» dent... mais éloignons-nous douce-
» ment et sans faire de bruit... cela vau-
» dra mieux que de courir... Ils ne nous

» ont pas aperçus : venez....—Oh ! mon
» Dieu !... mon Dieu ! que je suis punie
» de ma folle conduite !... »

Ma compagne se serre tellement contre moi, qu'elle me gêne pour marcher; elle frissonne, ses dents claquent et ses genoux faiblissent; je m'efforce de la rassurer, mais nous n'avons pas fait trente pas que nous entendons marcher derrière nous.

« Voilà les voleurs qui nous poursui-
» vent, » me dit ma dame; « Ah ! c'en
» est fait... nous sommes perdus !... —
» Allons un peu plus vite alors... —
» Mais c'est que je ne peux pas, mon-
» sieur .. Ah, mon Dieu ! mes jambes
» se dérobent sous moi... je n'ai plus de
» force... — Un peu de courage... ap-
» puyez-vous sur moi... — O Ciel, ayez
» pitié de nous !

En ce moment, le bruit d'une voiture se fait entendre ; il approche... elle n'est plus loin de nous. Je tire, ou plutôt j'emporte ma compagne, en lui disant :
» Voilà un fiacre... entendez-vous : ve-
» nez... venez... »

Le fiacre passait dans une rue transversale ; je crie, j'appelle ; le cocher s'arrête, j'entraîne ma dame, nous arrivons à la voiture ; et cette fois elle ne fait aucune difficulté pour y monter.

« Où allons-nous, not'maître ? » me dit le cocher : Je lui mets cent sous dans la main, en lui disant : « — Ma foi... va
» toujours... nous ne sommes pas en-
» core décidés... nous te le dirons plus
» tard. »

Le cocher n'en demande pas davantage. Il referme sur moi la portière, et me voilà assis à côté de ma charmante inconnue, dans une bonne citadine dont toutes les glaces sont levées, les stores baissés, et où il fait noir comme dans un four. Après avoir passé au moins quatre heures de la nuit dans les rues de Paris, on doit penser avec quel plaisir je me trouve dans la citadine.

Ma voisine est encore toute tremblante de la frayeur qu'elle vient d'éprouver. Je tâche de la rassurer, de la réchauffer; et pour cela je me rapproche d'elle : on me repousse, mais faiblement; je crois que l'obscurité de la citadine rendra ma belle moins sévère. J'enlève lestement ce maudit chapeau qui lui servait de rempart contre mes entreprises : cette fois on me laisse faire. Je deviens téméraire, audacieux... on me résiste, mais si mal... que bientôt je n'ai plus qu'à rendre grace aux voleurs qui sont cause que nous avons pris une voiture.

Il y a bien trois quarts d'heure que nous roulons : durant cet espace de temps nous avons fort peu parlé, ce qui n'empêche pas que nous ne nous soyons très-bien entendus. Tout à coup la femme charmante que je tiens dans mes bras me repousse, en s'écriant avec effroi :

« Oh! mon Dieu... voilà le jour!... »

Un faible rayon de lumière commençait en effet à percer à travers les stores. Ma compagne se hâte de remettre son chapeau.

« Eh bien!... » dis-je, « que nous im-
» porte le jour?—Il faut nous quitter...
» sur-le-champ... il le faut...—Quoi!
» déjà!... quand je suis si heureux avec
» vous... Adèle, êtes-vous donc fâchée de

» partager mon bonheur?...— Non...
» non... mais il faut que je rentre chez
» moi à l'instant... Arthur, si vous m'ai-
» mez, vous allez descendre de voiture et
» me laisser dans ce fiacre qui me ramè-
» nera à ma demeure... vous ne le suivrez
» pas... vous me le promettez?...—Quoi!
» toujours ce mystère!... Maintenant que
» vous avez cédé à mon amour, voulez-
» vous encore être une inconnue pour
» moi?...—Vous me connaîtrez plus
» tard, je vous le jure; mais à présent
» si vous refusez de faire ce que je vous
» demande, vous ne me reverrez ja-
» mais!...—Jamais!... allons, je vais vous
» obéir... je vous dois trop de bonheur
» pour ne point vous en témoigner ma
» reconnaissance en cédant à vos moin-
» dres désirs... je vais vous quitter... mais
» je vous reverrai bientôt?... —Oui...

» bientôt... je vous écrirai...—Songez
» que je ne puis pas vous écrire moi,
» puisque j'ignore...—Soyez tranquille,
» vous aurez de mes nouvelles... Adieu...
» —Encore un baiser avant de nous quit-
» ter...—Non... non... Oh! c'est bien
» assez... je vous en prie, ne tardez plus.»

Elle m'a trop accordé pour que je la contrarie en rien. Je tire le cordon, le cocher arrête, et vient ouvrir la portière ; il commence à faire petit jour. Ma dame a rebaissé son voile ; elle baisse la tête, et ne me dit adieu qu'en me serrant la main.

Je descends de la citadine, qui s'éloigne bientôt, et me voilà de nouveau dans la rue.

Comme je n'ai plus envie de me promener, je cherche à m'orienter, à me reconnaître... je marche un peu... Ah!...

je me retrouve enfin!... je suis dans le quartier Saint-Honoré... dans la rue des *Mauvaises Paroles*... des mauvaises paroles... cette circonstance me fait sourire... Si ma charmante conquête ne tenait pas celle qu'elle m'a donnée!.. Oh! pourquoi?.. quand une femme n'a plus rien à nous refuser, elle ne refuse plus de nous voir. Voilà donc une aventure qui s'est terminée comme les autres... j'en suis presque fâché... c'est-à-dire je n'en suis pas fâché, mais... mais je voudrais bien maintenant savoir quelle est cette dame... il est temps de faire cette réflexion!...

Et tout en me disant cela je rentre chez moi, j'y arrive au jour, et je me couche au moment où beaucoup d'autres se lèvent.

FIN DU TOME PREMIER.

TABLE DES CHAPITRES

DU

PREMIER VOLUME.

	Pages.
Chap. Ier. — Une Visite galante.	1
II. — Adolphe.	39
III. — La petite Pension.	75
IV. — Un Conte moral.	103
V. — Une Séductrice.	148
VI. — Qui prouve comme quoi les gens d'esprit sont bêtes.	176

Chap. VII. — Une partie de Bouillote.	203
VIII. — Le Témoin.	232
IX. — Une Aventure d'auteur.	264
X. — Le passage Vendôme.	295
XI. — Une Journée.	326
XII. — L'amour dans la rue.	351

www.ingramcontent.com/pod-product-compliance
Lightning Source LLC
Chambersburg PA
CBHW050918230426
43666CB00010B/2220